4차 산업혁명과
프로젝트관리

4차 산업혁명과 프로젝트관리

2017년 07월 03일 1판 1쇄 박음
2017년 11월 01일 1판 2쇄 펴냄

지은이 오석현
펴낸이 김철종

책임편집 장웅진 **디자인** 정진희 **마케팅** 오영일
인쇄제작 정민문화사

펴낸곳 한언
출판등록 1983년 9월 30일 제1 - 128호
주소 110 - 310 서울시 종로구 삼일대로 453(경운동) KAFFE빌딩 2층
전화번호 02)701 - 6911 **팩스번호** 02)701 - 4449
전자우편 haneon@haneon.com **홈페이지** www.haneon.com

ISBN 978 - 89 - 5596 - 801 - 9 13320

이 도서의 국립중앙도서관 출판예정도서목록(CIP)은
서지정보유통지원시스템 홈페이지(http://seoji.nl.go.kr)와
국가자료공동목록시스템(http://www.nl.go.kr/kolisnet)에서 이용하실 수
있습니다.(CIP제어번호: CIP2017014937)

4차 산업혁명과
프로젝트관리

오석현 지음

한ㄹ

추천사

4차 산업혁명을 여러 가지로 정의할 수 있겠지만, 가장 중요한 단어는 '새로움'과 '변화'일 것이다. 신기술이 개발됨에 따라 산업 환경이 변화하고, 우리는 그에 적응하기 위해 일하는 방식을 변화시켜야 하고, 또 변화를 주도하기 위해 새로운 것을 찾아야 하는 그런 상황이 펼쳐지고 있는 것이다.

이렇게 새로움과 변화가 한꺼번에 밀려올 때 우리에게 도움을 줄 수 있는 것이 프로젝트관리가 아닐까 생각한다. 프로젝트관리는 '변화의 창조자이며 관리자'로서 잘 알려져있고, 역사적으로도 훌륭한 역할을 수행해온 것을 우리는 자주

봐왔다. 이 책은 4차 산업혁명이라는 변화 속에서 프로젝트 관리가 어떤 역할을 할 수 있는지 우리에게 알려주는 책으로서, 시의적절한 길잡이가 될 것으로 믿어 마지 않는다.

김승철 (피엠전문가협회 회장, 한양대학교 경영대학 교수)

우리나라가 현재 처해있는 여러 문제점들은 과거의 산업 논리의 틀에 묶인 채 창조와 혁신의 패러다임으로 전환되지 않아서 일어나는 것이라고 한다. 즉, 무無에서 유有를 만드는 능력의 부족 탓이고, 특히 과거의 문제 자체를 새롭게 정의할 수 있는 개념을 설계하는 역량이 부족한 탓이라고 한다.

개념을 설계하는 역량은 제품개발과 관련해서든 비즈니스 모델과 관련해서든 산업계가 풀어야 할 과제가 있을 때 이러한 문제의 속성 자체를 새롭게 정의하고, 해법의 방향을 창의적으로 제시하는 역량이다. 즉, 기존에 우리가 중점을 두었던 실행역량의 단계보다 더 선행 단계에서 요구되는 창조적 역량인 것이다. 창의적 개념설계역량이 중요한 이유는 무엇보다 현재 우리나라 산업의 기초를 형성하고 있는 표준화된 생산기술보다 시장의 틀을 바꾸는 개념설계의 부가가치가 훨씬 높기 때문일 것이다.

사실 우리나라의 산업 전반에서 창의적 개념설계역량이 부족하다는 진단은 어제오늘의 얘기가 아니나, 이런 개념설계역량이 어떻게 형성되는 것인가에 대한 논의는 상대적으로 소홀했다. 개념설계역량은 반짝이는 아이디어를 내는 것이 아니라 오랫동안 지속적으로 시행착오를 축적해야 얻을 수 있는 것이다. 결국 우리나라 산업계가 개념설계역량이 부족한 원인은 다양한 실패의 경험을 축적해오지 못한데 있다. 즉, 직접 해봐야 하는 것이다.

그러므로 기술 발전의 속도가 갈수록 빨라지고 미래가 불확실해질수록 포트폴리오 차원에서라도 미래에 투자해야 하는데, 언제나 시장에서 어느 정도 인정을 받고 있는가에 대한 레퍼런스부터 챙기고 있으니 혁신의 주도자가 될 수 없는 것이다. 아이디어를 내면 반드시 "다른 곳 어디서 추진하고 있느냐?"는 질문이 나오고, "없습니다"라고 하면 그 자리에서 묵살된다. 이것이 지금 '퍼스트무버First mover'를 외치는 정부와 기업의 현실이고, 여태까지 연구소에서 '성실실패'를 인정하지 못하는 이유 중의 하나라고 생각한다.

이는 또한 '후발주자(Fast Follower)'로서의 관성이 국내 기업에 여전히 뿌리 깊기 때문으로 평가된다. 주요 글로벌 기업들은 수십 년 전부터 미래학자들과 함께 미래에 대응하고 이를 위한 투자도 아끼지 않고 있으나, 대다수의 국내 기업들은 당장 매출을 올릴 수 있는 것에 대해서가 아니라면 나서지 않는 것이 현실이다. 지금이라도 기업들이 미래를 위한 적극적인 투자에 과감히 나서야 하고, 시장을 만들고 통찰하는 시각도 갖춰야 하며, 트렌드 조성보다 기존에 없던 시장을 만드는 모험적 자세가 필요하다. 우리가 옳다고 생각하는 많은 것들이 환경 변화로 인해 계속 변하고 있다. 이것은 우리가 알지 못하는 많은 것들이 있고, 그렇기 때문에 발생할 리스크를 예측할 수 없기 때문이기도 하다.

4차 산업혁명의 전환점인 현재 시점에서 볼 때 프로젝트관리의 중요성이 부각되고 있는 이유는, 사회가 갈수록 변화와 혁신을 요구하고, 이러한 변화와 혁신은 프로젝트를 낳기 때문이다. 이로 인해 조직 내에 프로젝트적인 일의 점유율이 확대되고, 기존에 해왔던 프로젝트들보다도 한 번도 추진해보지 않았던 프로젝트들이 더 늘어나게 되는 것 또한 분명한 사실이므로 점점 더 프로젝트관리의 중요성과 필요성도 늘어가고 있다. 그리하여 과거에는 프로젝트관리가 특정한 사람이 가지고 있으면 좋을 것 같은 업무역량이었으나, 앞으로는 누구나 가져야 할 필수적인 역량이 될 것이다.

이 책은 이러한 관점에서 4차 산업혁명과 프로젝트관리의 깊은 연관성을 이야기하고, 많은 사례들과 환경의 변화, 선발주자 및 국가들의 접근방법과 프로젝트관리의 필요성도 주장하고 있다. 전환의 시점에서 우리가 접근해야 할 프로젝트관리의 필요성과 관점에 대해 적용방법 및 헤처나갈 혜안을 얻으시기를 바란다.

최광호 (PMI 한국챕터 회장)

2016년 3월 전 세계에 중계되어 세계인들의 이목을 집중시킨 이세돌 9단과 알파고의 바둑 대결은, 특히 우리나라 광화문 부근의 한 호텔에서 이루어져 더욱 큰 충격을 우리에게 주었다. 인공지능이나 사물인터넷(IoT)을 활용하는 4차 산업혁명의 시대가 이미 시작되었음을 우리는 이로써 체험적으로 알게 되었다. 단편적 지식 암기와 문제풀이 위주의 점수경쟁으로 만들어진 우리 교육의 문제가 지적되었고, 창의력을 중시하는 북유럽과 미국의 실리콘밸리 등이 더욱 주목을 받게 되었다.

하지만 오랫동안 이데올로기적 편견과 주입식 교육을 받고 단순작업을 잘해내는 것에 익숙한 기성세대, 혹은 새로운 변화에 본능적 두려움과 공포를 갖고 있는 계층과 세력 등은 이러한 '문명의 긴장'에 속수무책일 뿐이다. 아직 우리 사회는 4차 산업혁명이 가져다줄 혁명적 변화에―그 변화의 긍정적 축복과 부정적 재앙에 대하여―준비가 되어있지 않다. 그런 의미에서 이 책《4차 산업혁명과 프로젝트관리》는 문명의 대전환기를 맞이하는 우리에게 여러모로 의미 있는 '새로운 프레임'을 제공해준다.

박영민 (ISO/TC258 프로젝트, 프로그램 및 포트폴리오관리 국제표준제정 전문위원회 위원장, 한양대학교 경영전문대학원 겸임교수)

우리 시대의 과제인 4차 산업혁명에 대비하여 지난 '장미 대선' 이후 새롭게 출범한 민주정부는 대통령 직속 기구인 '4차 산업혁명 위원회'의 설치를 공약했고, 출범 한 달여 만인 2017년 6월 20일에는 총리급 민간인사를 위원장으로 공식 출범시키겠다고 선언했다. 하지만 우리 국민들은 4차 산업혁명이 무엇인지 그리고 그것을 어떻게 맞이하고 이끌어 갈 것인지에 대한 아무런 실제적 준비가 없다. 추상적인 담론이 아닌 구체적 내용으로서 산업과 경제 전반에 걸쳐 무엇을 우선적으로 추진해야 할 것인지를 우리 사회는 아직도 모르고 있다. 이 책은 이런 상황 아래에서, 특히 비즈니스를 하는 분들 또는 우리 아이들의 미래를 위해 어떤 교육이 필요한가를 고민하는 분들에게 꼭 필요한 길라잡이가 되어줄 것이다.

민택기 (숭실대학교 경영대학 교수)

우려와 기대가 교차되는
신세계로 진입하다

연일 들려오는 코리안 메이저리거들의 활약 소식으로 2016년의 여름은 더욱더 뜨겁게 달아오르고 있었다. 그중에서도 '끝판대장', '돌부처'라는 별명으로 우리에게 더 친숙한 오승환 선수의 선전은 그야말로 경이로움 그 자체였다. 이미 국내에서 277세이브라는 기록을 세웠던 그는, 일본이라는 낯선 야구 환경에서도 80세이브를 달성하며 최고의 위치에 오른 바 있다. 하지만 아무리 실력이 출중하다 해도 어느덧 그의 나이

34세, 운동선수로는 결코 적지 않은 나이임에도 일본보다 성공하기가 훨씬 더 힘들다는 미국의 메이저리그에 과감히 도전장을 내밀었다. 표정 변화 없는 돌부처의 얼굴로, 야구공이 아닌 돌(?)을 뿌려대면서 그는 전혀 새로운 환경에 적절하게 대처해나갔고, 마침내 명실공히 메이저리그 최고의 구원투수로 인정받기에 이르렀다.

또 하나의 '돌부처'를 꼽으라 하면 우리는 망설임 없이 바둑의 이창호 9단이라 말할 것이다. 그는 화려한 수를 두지 않고도 늘 한집 반 또는 반집 승을 거두어서 신산(神算)이라 불리며 오랫동안 세계 최정상 자리에 머물러 있었는데, 이기든 지든 한결같은 표정으로 감정 변화를 드러내지 않아서 '돌부처'라는 별칭으로 아직도 많은 사람들의 기억에 남아있다.

그런데 그 돌부처 이창호 9단이 2016년 3월 어느 날 갑자기 우리에게 강제 소환(?)되는 희대의 사건이 발생했는데, 말하자면 인간과 인공지능(AI) 간 세기의 바둑 대결에서 인공지능인 알파고가 두는 수를 보고 너나 할 것 없이 전성기의 이창호 9단을 떠올렸던 것이다. 이 기계는 이창호 9단이 보여주었던 감정 변화 없는 신산의 바둑을 유감없이 구사하면서 인간 최고수를 보기 좋게 완파했다. 이 사건은 인간 세상에 일대 파란을 불러왔는데, 그 이유인즉슨 사람들은 지금까지 바둑을 하나의 스포츠로 보기보다 인간의 고유 영역이라 굳게 믿어왔기 때문에 인간이 바둑으로 기계에 참패했다는 것 자체가 엄청난 충격이 아닐 수 없었던 것이다.

그런가 하면 사람들은 이창호 9단에 '빙의'된 알파고를 보면서 우리가 지금 유례를 찾아보기 힘들 만큼 급격한 변화의 시대를 살고 있음을 절감하게 되었다. 이처럼 알파고의 등장 이후 우리는 세상이 어떻게 변화되고 있는지에 대해 더 많은 관심을 갖게 되었고, 다음과 같은 결코 간단치 않은 예측과 고민도 하게 되었다.

"정말 기술이 이렇게나 발전했구나. 그럼 미래의 삶은 더 편리해지겠구나. 그런데 결국엔 기계가 인간의 머리를 대신할 수도 있겠네. 아니, 그럼 앞으로 인간이 필요 없게 되는 거 아냐. 이러다가 기계에 등 떠밀

려서 사람들이 직장에서 다 쫓겨나는 거 아냐? 산업 구조 자체가 몽땅 다 바뀌겠네. 그럼 우리 인간은 도대체 앞으로 뭘 어떻게 준비해야 하는 거지?"

이처럼 우리는 인류 역사상 전례 없던, 완전히 새로운 양상으로 전개될 미래에 대한 기대와 우려로 머릿속이 복잡하게 뒤엉킨 가운데 거대한 변화의 신세계로 강제 진입하게 된 것이다.

외부의 변화는 내부의 변화를 요구한다

한번 학창 시절로 돌아가보자. 우리는 상급 학교로 진학하거나 신학기가 되면 으레 거창한 학습목표를 세우고, 그에 맞게 계획표를 짜곤 했다. 물론 그 학습계획표대로 움직인 기억은 별로 없다. 어른이 된 지금은 어떤가? 새해를 맞을 때면 어김없이 금연이나 운동, 공부 등 자기계발을 위한 원대한 계획들을 끊임없이 세워오고 있지 않은가? 이는 '외부 환경'이 바뀔 때마다 우리가 본능적으로 그 변화에 적절히 대응하고

자 노력하게 된다는 사실을 잘 보여준다. 그러나 우리의 현실은 어땠는가? 계획은 창대하나 실천은 미약하지 않았던가? 아마도 대부분 금연, 운동, 공부 모두 작심삼일에 그쳐 금세 애초의 포부 및 계획표에 허탈하게 안녕을 고했을 것이다. 이러한 측면에서 다시 우리의 끝판대장 오승환 선수를 보라. 과연 대단한 인물 아닌가? 그는 일본과 미국이라는 극단적인 외부 환경 변화의 한복판에 서서 단지 변화에 대처하는 차원을 넘어 그 변화를 지배해나가기까지 했으니 말이다.

이제 시선을 더 큰 세상으로 돌려보자. 2016년 1월, 스위스의 작은 마을 다보스에서 열린 세계경제포럼. 이곳에선 우리의 미래를 송두리째 바꿀 수소폭탄급 외부 환경 변화에 대한 열띤 논의가 오갔다. 이른바 '4차 산업혁명'이 그 주인공이었다. 클라우스 슈밥 세계경제포럼 회장은 "4차 산업혁명이 가져올 변화의 규모와 범위, 복잡성은 이전에 인류가 경험한 것과는 완전히 차원이 다르다"고 단언했다. 사람들은 이를 통해 우리를 둘러싼 외부 환경이 심상치 않게 돌아가고 있음을 인식할 수 있었고, 다가올 외부 환경 변화에 제대로 대처할 수 있느냐 없느냐가 우리의 미래 생존 여부를 결정하리라는 것을 절실히 깨닫게 되었다.

그렇다면 우리는 어떻게 이러한 외부 환경 변화에 적절하게 대처할 수 있을까? 결국 외부 환경 변화에 걸맞게 내부 환경 변화가 이루어져야 하는데, 아직도 효과적인 내부 환경 변화 실현 방법을 잘 모르고 있다는 것이 우리에게는 큰 한계점으로 남아있다.

내부 환경 변화를 실현할
효과적인 방법이 존재하는가?

그렇다면 외부 환경 변화에 대처하기 위한 효과적인 내부 환경 변화 실현 방법이란 무엇을 말하는 것일까? 우선 내부 환경 변화의 실현은 2단계로 이루어진다. 1단계는 내부 환경 변화를 위한 계획을 세우는 것이고, 2단계는 그 계획에 따라 실행하는 것이다. 즉 1단계에서는 전략을 수립하고, 2단계에서는 전략 실현 방법대로 실행한다.

우리는 여기서 '전략'이라는 개념을 매우 익숙하게 받아들이며, 전략 수립 방법에 대해서도 큰 어려움을 느끼지 않는다. 그러나 실제로 전략 실현 방법으로 넘어가면 이야기는 180도 달라진다. 왜 그럴까? 그 이유는 전략 실현 방법에 대한 해석이 워낙에 제각각이라 도무지 무슨 명쾌한 답안이 존재하지 않기 때문이다. 그래서 각자 처한 상황에 맞게 각개전투하듯이 '알아서' 실행해야 하기 때문에 운이 좋으면 성공을 거두기도 하지만, 대부분은 실패의 고배를 마시는 것이 현실이다. 이와 같은 상황에서 효과적인 내부 환경 변화의 실현은 전적으로 전략 실현 방법에 달려있다고 해도 결코 지나친 말이 아닐 것이다.

4차 산업혁명이라는 역사의 대전환기의 문턱에 선 우리는 더 이상 이 전략 실현 방법을 운에 맡길 수도 없고, 그래서도 안 된다. 그런데 혹시 우리에게만 그 실체를 꽁꽁 숨기고 있는 체계적이고도 효과적인 전략 실현 방법이 어딘가에는 존재하고 있지 않을까? 만약 존재한다면 우리 모두가 함께 사용할 수 있어야 이 미증유의 외부 환경 변화에 효과적으로 대처할 수 있지 않을까? 이러한 질문과 가능성을 바탕에 두고 효과적인 전략 실현 방법을 찾아보고자 한다. 모쪼록 이 책을 통해 이 효과적인 전략 실현 방법이 우리의 삶 곳곳에 바이러스처럼 널리 그리고 재빨리 확산되기를 간절히 소망한다.

이 책은 3부로 구성되어있다. 제1부에서는 1~3장에 걸쳐 4차 산업혁명에 대해 이야기한다. 1장에서는 4차 산업혁명을 피부로 느낄 수 있도록 신기술을 중심으로 설명한다. 복잡한 기술 용어를 나열하는 대신, 특정 기술이 현재 어떠한 영향을 미치고 있으며, 미래를 어떻게 바꾸어나갈지 사례 중심으로 서술했다. 2장은 1장에서 언급한 신기술들을 바탕으로 비즈니스 환경이 어떻게 변화할지를 설명하고 있다. 3장에서는 4차 산업혁명의 선도국인 독일과 선도업체인 구글 및 테슬라의 전략을 살펴보고, 철저한 분석을 통해 그들이 수행해나가고 있는 전략 실현 방법의 실체를 보여준다.

제2부에서는 4~5장에 걸쳐 프로젝트관리에 대해 다룬다. 4장은 프로젝트관리가 전략의 구체적 실현

방법이 될 수밖에 없는 이유를 차근차근 설명함으로써 프로젝트관리를 체계적으로 이해할 수 있도록 했다. 5장에서는 프로젝트관리를 더 심층적으로 살펴보는데, 특히 프로젝트와 전략을 동시에 성공시키는 데 필수적인 프로젝트 포트폴리오관리에 대해 설명한다.

제3부에서는 6장을 통해 우리가 4차 산업혁명에 어떻게 대처해야 할지를 제시하고 있는데, 스타트업 기업과 일반 기업, 우리나라가 어떻게 대응해야 할지를 구체적으로 제언하고 있다.

4차 산업혁명을 주도함으로 세계 초일류 국가 반열에 올라야 할 대한민국과 우리 기업들에 올바른 방향을 제시하고, 아울러 4차 산업혁명을 선도할 주역이 바로 이 책을 읽고 실행에 옮길 우리 자신이라는 메시지를 전하고자 이 책을 집필했다. 독자 여러분이 이 책에서 도움을 받아 4차 산업혁명이라는 시대적 변화를 이끄는 주인공이 되어 세상에 기여하기를 바란다.

차례

3부 어떻게 4차 산업혁명에 대응할 것인가?

6장 대한민국을 진단하고 처방하다

1부

4차 산업혁명이라는 거대한 도전

1장

신기술, 그 파괴적 혁신

인공지능, 인간에 불현듯 도전장을 내밀다
— '알파고'와 '이세돌' 이야기

"우와, 이겼다!"

사무실 한편에서 세기의 대결을 숨죽인 채 지켜보던 박 과장. 자기도 모르게 탄성을 지르고 말았다. 순간 당황해서 호랑이 이 부장님을 쳐다봤는데, 그 또한 환희에 찬 표정으로 두 주먹을 불끈 쥐고 있는 것을

알파고와 이세돌의 대결

출처: www.korea.net

4차 산업혁명과 프로젝트관리

보고 안도의 한숨을 내쉬었다.

2016년 3월, 전 세계는 난데없는 바둑 신드롬에 휩싸였다. 바둑판을 사이에 두고 인간과 기계 사이에 초유의 대결이 펼쳐졌기 때문이다. 기계의 대표는 구글 딥마인드의 인공지능(AI) 알파고(AlphaGo), 인간 대표는 이세돌 9단이었다. 처음에는 당연하다는 듯 모든 사람들이 인간이 승리하리라 예상했지만, 막상 뚜껑을 열어보니 인간이 기계에 일방적으로 밀리는 것이 아닌가? 인간의 첫 패배를 지켜본 사람들은 처음에는 설마 했지만 나중에는 단 한 판만이라도 이겨서 인류의 마지막 남은 자존심이라도 회복시켜주기를 두 손 모아 빌었다. 그리고 마침내 제4국에서 인간 대표 이세돌 9단이 승리를 거머쥐었다. 이 대결은 인공지능이라는 기계가 수천 년 동안 인간 세상에서 이어져왔던 인간 중심의 바둑 패러다임을 깨뜨리면서 인류의 문명 안으로 당당히 편입된 역사적인 순간으로 기록되었다.

알파고는 구글 딥마인드가 개발한 인공지능 바둑 프로그램이다. 2014년부터 개발을 시작해 아직까지 진행 중인데, 이를 통해 얻게 된 기술들은 기상 예측, 건강 진단, 무인자동차, 무인드론 등에 활용될 예정이다. 우리에게 이제는 '알파고'라는 이름으로 더 가까이 다가온 인공지능은 인류가 수천 년에 걸쳐 이룩해 놓은 문명을 단기간에 따라잡고 말았다. 그렇다. 바야흐로 인공지능이 국가의 미래와 경쟁력을 좌우하는 시대가 되었다. 앞으로 인공지능은 우리의 삶을 더 편리하고 안락하게 해줄 것이다.

인공지능이 우리의 삶 한가운데로 들어오면 아주 소소한 일상까지도 인공지능과 상의하게 될 것이다. 간단히 말해 우리는 각자에게 최적화된 비서 하나씩을 갖게 되는데, 이 인공지능 개인비서는 자신이 담당하고 있는 인간에 대한 데이터를 바탕으로 생활과 업무에 최적화·객관화된 서비스를 제공할 것이다. 이렇게 되면 인간이 지식과 경험의 한계로 판단 자체를 잘못하거나 정보가 부족해서 잘못된 선택을 하는 등 의사결정 과정에서 피할 수 없었던 갖가지 오류를 미연에 방지할 수 있다.

이것은 사적인 것부터 공적인 것까지 예외 없이 적

용될 수 있다. 예를 들어 데이트를 앞둔 대학생 준이의 인공지능 개인비서는 지난번 데이트에서 준이가 말한 단어와 주제에 대한 여자친구의 호감도를 종합 분석해 이번 데이트에서 사용할 문구와 주제를 코칭 해준다. 의사의 의료용 인공지능 개인비서는 진단, 치료, 수술, 처방 시 의사가 범할 수 있는 '인간적 오류'를 최소화해준다. 그런가 하면 CEO의 기업용 인공지능 개인비서는 기업활동에서의 불확실한 요소(자재, 노동력, 장비 확보 정도, 경쟁사의 예상되는 대응, 제품에 대한 소비자의 반응, 시장 환경, 경기 동향, 정치적 리스크 등)를 종합 분석해 CEO가 의사결정을 하는 데 큰 도움을 줄 것이다.

하지만 산이 높으면 그만큼 골도 깊은 법. 모든 세상사 이치가 그렇듯 인공지능이 발달할수록 장점 못지않게 단점도 나타날 것이다. 일례로 인간이 점점 더 인공지능에 의지하다 보면 급기야 인공지능 없이는 아무것도 할 수 없게 되어 결국에는 인공지능의 지배를 받을 수도 있다는 우려가 벌써부터 나오고 있다. 또한 인공지능이 기업현장에 투입되면 안 그래도 심각한 실업문제가 더 확대될 수 있다. 물론 인간의 단순작업이 인공지능로봇에 의해 대체되고 있는 것은 어제오늘의 일이 아니지만, 앞으로는 인간만이 할 수 있다고 여겨져왔던 고부가가치의 전문 분야(판사, 변호사, 회계사, 통역사, 의사 등)에서도 인공지능이 판을 친다면 그 사회적 파장이 결코 작지 않을 것이다.

바로 이러한 배경에서 2016년 1월의 다보스 포럼에서는, 인공지능을 필두로 하는 4차 산업혁명 시대에는 사무직·관리직 일자리가 가장 급격하게 줄어들 것이며, 향후 4년간 전 세계적으로 약 470만 개의 사무직·관리직 일자리가 사라질 것이라는 우울한 예측을 내놓기도 했다.

차량 공유 플랫폼, 무소유를 외치다
— '우버' 이야기

난생 처음 미국 출장에 밤잠도 못 잔 우리의 박 과장. 그러나 해외 출장의 기쁨도 잠시, 공항에 도착하

우버 택시

출처: www.pexels.com

자마자 일생을 함께하는 이놈의 영어울렁증이 도지고 만다. 고민이다.

'택시 기사가 내 말을 잘못 알아듣고 다른 데 내려주면 어쩌지. 차라리 목적지를 적어줄까?'

그때 머리를 스친 생각 하나.

'스마트폰이 너희를 자유케 하리라.'

우버 앱을 실행시키자 이 모든 걱정이 무의미해졌다. 공항에 도착한 우버 차를 타고 무사히 목적지에 내린 박 과장, 그는 이렇게 우리말 한마디만 했다.

"해냈다!"

2009년 3월, 미국 샌프란시스코에서 창립된 우버는 전 세계 누구에게나 승객을 소개해줘서 수익을 거두게 해주고 수수료를 받는 차량 공유 플랫폼이다. 우버가 기존의 콜택시 서비스와 다른 점은 승객이 차량 기사가 될 수도 있다는 것이다.

우버는 2015년 기준 690억 달러의 기업 가치를 달성하며 그 위상을 과시한 바 있다. 소비자들의 반응은 이렇듯 가히 폭발적이지만, 택시 사업을 위한 국가별

정책과 규제를 준수하지 않기 때문에 논란의 중심에 서있기도 하다. 이는 MP3가 첫선을 보였을 당시 CD 위주의 음악 유통 시장에서 저작권문제가 대두되었던 것과 비슷한 상황이라고 할 수 있다. 그러나 소유가 아닌 대여를 가능케 해주는 공유경제는 거스를 수 없는 흐름이 되고 있다.

우버의 서비스는 스마트폰으로 시작해서 스마트폰으로 끝나기 때문에 차량 운전자 및 승객에 대한 평가, 이동경로, 이동시간, 요금 등이 모두 우버 사이트에 기록·관리되며, 이렇게 축적된 데이터베이스를 기반으로 서비스 개선이 지속적으로 이뤄지고 있다. 즉, 현실 속에서 생생하게 살아 움직이는 아날로그정보들이 디지털 데이터로 축적·관리됨으로써 우버 서비스만의 저력이 발휘되는 것이다.

우버의 또 다른 서비스인 우버풀(Uber Pool)은 일종의 합승 서비스로 가격이 상당히 저렴한데, 어디를 가든 7달러면 충분하다. 우버풀은 목적지가 서로 가깝거나 이동경로상에서 내려도 되는 승객 3명을 모아서 탑승시키는데, 이 모든 과정이 소프트웨어 알고리즘으로 자동 계산되어 진행된다. 우버풀 서비스는 버스·지하철 같은 대중교통과도 겨루겠다는 우버의 의지를 보여준다. 우버는 전통적인 자동차 소유 문화까지도 바꿔놓고 있는데, 스마트폰만 있으면 언제든 자동차를 탈 수 있으니 굳이 자동차를 소유하지 않아도 된다는 사고의 전환이 이루어지고 있기 때문이다.

　우버의 파괴적 혁신 행보는 무인자동차기술에 대한 투자에까지 이르고 있는데, 우버는 왜 무인자동차기술에 관심을 보이게 된 것일까? 그것은 우버 이용자는 날로 늘어나는데, 운전자 공급이 그에 미치지 못하는 현실 때문이다. 아울러 무인자동차를 우버 서비스에 도입하면 요금을 더 낮출 수 있다는 치밀한 계산이 밑바탕에 깔려있다.

전기자동차, 자동차는 거들 뿐
— '테슬라' 이야기

　"아차차, 내비 업그레이드!"

새로운 업체와의 계약을 성사시키기 위해 미팅 장소로 향하던 박 과장. 그러나 차량 내장 내비게이션은 벌써 10분째 끝도 없이 펼쳐진 논밭만을 돌게 하고 있다. 한마디로 멘붕이다. 차일피일 업그레이드를 미룬 것이 이렇게 불상사를 낼 줄은 꿈에도 몰랐던 박 과장, 온통 짜증으로 일그러진 얼굴로 퉁명스럽게 혼잣말을 내뱉는다.

"차 값이 얼만데! 내비 업그레이드는 알아서 척척 자동으로 되게 해놔야 하는 거 아냐?"

전기자동차는 단순히 전기를 동력원으로 움직이는 자동차만을 의미할까? 우리는 전기자동차 하면 화석연료(휘발유, 경유, LPG 등)를 사용하는 기존의 자동차에 비해 연비가 좋고, 친환경적이라는 긍정적인 인식과 함께 다른 한편으로는 힘이 약하고, 고속 주행이 힘들며, 전기충전소를 찾기가 쉽지 않고, 충전시간이 길며, 주행거리가 짧다는 부정적인 인식 또한 갖고 있었다.

그런데 이러한 전기자동차에 대한 고정관념을 깨면서 혜성처럼 등장한 기업이 있으니 바로 테슬라다. 테슬라는 전기자동차만의 장점을 극대화한 고객만족

테슬라 S

출처: pixabay.com

형 고성능 차량을 세상에 내놓으면서 전기자동차의 역사를 새로 써내려감은 물론, 기존의 자동차 시장에도 일대 파란을 일으킴으로써 세간의 스포트라이트를 한몸에 받고 있다. 2016년 4월 1일, 테슬라는 또 한 번 대형사고를 쳤다. 저가형 전기자동차 '모델 3'를 론칭한 것이다. 첫날 예약만 13만 대에 연일 예약 대수가 최고치를 갱신했는데, 전문가들은 이러한 추세대로라면 전기자동차 수요가 급격히 높아져 5년 내에 기존 자동차의 수요를 따라잡을 것으로 예상하고 있다.

그렇다면 왜 전기자동차 수요가 폭발적으로 늘어날 것으로 기대되는가?

테슬라의 전기자동차는 단순히 전기로 달리는 자동차를 의미하는 것이 아니기 때문이다. 앞으로 전기자동차는 각각의 내장 부품에 고유의 ID가 주어지고, 부품 전체가 통신 네트워크로 연결되어 실시간으로 그 안정성을 확인받는다.

그뿐만이 아니다. 전기자동차를 통해 외부 환경 파악 및 각종 정보 수집이 이루어짐으로써 전기자동차 자체가 차내 환경 및 운전자 개인 데이터, 네트워크 등 방대한 정보를 수집·저장·처리하는 하나의 '달리는 스마트폰' 같은 고효율·대용량의 디바이스가 될 것이기 때문이다. 현재도 테슬라의 전기자동차는 단지 소프트웨어를 업그레이드함으로써 이전과는 전혀 다른 색다른 기능(예를 들면 자동운전)을 선보임으로써 자동차 자체를 새롭게 탈바꿈시켜 고객들을 놀라게 하고 있다.

이를 보면 테슬라를 위시한 전기자동차 분야 종사자들은 기존 자동차 업계 종사자들과는 완전히 차원이 다른 생각을 하고 있음을 알 수 있다. 기존 자동차 회사들이 자동차라는 하드웨어를 판매해 수익을 올린다면, 전기자동차 회사는 자동차를 통해 얻은 정보로 수익을 올리는 것이다. 이처럼 우리는 자동차 산업의 파괴와 창조가 동시에 이루어지는 그 초입에 함께 서 있는 것이다.

무인자동차, 자유 그 이상의 추구
— '구글'과 '테슬라' 이야기

프리미어리그 축구 관람과 신제품 프레젠테이션 (PT) 준비. 늦은 밤 이 둘 사이에서 깊은 고민에 빠진 박 과장. 그답게 과감한 결정을 내리고 만다. 그렇게 축구와 치맥으로 새벽을 즐긴 박 과장은 경악스러운 아침을 맞았는데, 이제 최후의 보루는 애마 '키트'밖에 없다. '키트'가 알아서 회사까지 모시고 갈 동안 박 과장은 PT 준비를 깔끔하게 마무리 짓고는 특유의 미소를 되찾았다. 박 과장은 차에서 막 내릴 때 도착한 문자를 들여다보고 또 한 번 미소를 짓는데, 그 문자는 다름 아니라 '키트'가 차량 공유 플랫폼활동을 통해 벌어들인 돈이 입금됐음을 알려주는 것이었다.

무인자동차는 운전자 없이도 자동차가 알아서 도로 상황을 파악해 목적지에 도달한다. 그것이 가능한 이유는 무인자동차에는 도로표지판을 인식할 수 있는 영상카메라와 위치 식별을 위한 GPS가 장착되어 있고, 레이저 스캐너로 속도를 조절하고 추월하

구글의 무인자동차

출처: By Mark Doliner (CC BY 2.0 (http://creativecommons.org/licenses/
by/2.0)), via Wikimedia Commons

4차 산업혁명과 프로젝트관리

는 자동차를 피할 수 있기 때문이다. 이 무인자동차에는 도로와 차선을 확인하고 차간 거리를 조정하는 기술도 들어가있다. 이와 같이 무인자동차는 자동차와 ICT(Information & Communication Technology, 정보통신기술) 융합의 결정체라고 할 수 있다.

그렇다면 과연 무인자동차를 통해 우리가 얻을 수 있는 유익은 무엇일까? 통계를 보면 현재 자동차 사고의 94퍼센트가 운전자 과실로 발생하는데, 무인자동차가 본격 도입되면 그 비율이 상당히 줄어들 것으로 기대된다. 즉, 사람이 운전하지 않다 보니 졸음·음주·과속운전, 고령자의 운전 미숙 등 운전자 부주의로 인한 사고가 자동적으로 예방되는 효과를 볼 수 있게 되는 것이다. 또한 무인자동차는 시각장애인도 자동차 운전을 가능하게 해주는 '마법'도 부릴 것이다.

무인자동차는 교통·도로상황을 종합적으로 분석해 최적의 코스를 선택하기 때문에 결과적으로 도시의 교통까지도 최적화시킬 것이다. 이로써 도로에서 버려지는 시간과 차량 이동에 드는 에너지가 현격하게 줄어들 것이다. 즉, 사회적 비용 자체를 크게 낮춰주는 것이다. 무인자동차는 도심에 있는 회사에 주인님을 내려드린 뒤 출발지로 되돌아가거나 도심에서 멀리 떨어진 주차장에서 대기할 수도 있는데, 이렇게 되면 도심 주차장 수요가 줄어들어 기존에 주차장으로 쓰이던 공간을 보다 생산적으로 활용할 수 있게 될 것이다. 또는 주인님이 직장에서 일하는 동안 무인자동차는 차량 공유 플랫폼과 연계해 돈을 벌 수도 있으므로, 기존에는 전혀 생각지도 못한 데다 약간의 노동조차 투입되지 않는 또 하나의 가계수입원이 될 수 있을 것이다.

현재 무인자동차기술은 기존의 자동차 제조 업체가 아닌 구글과 애플 같은 ICT 업체가 주도하고 있다. 특히 구글이 선보인 첨단 소프트웨어 알고리즘으로 중무장한 구글카가 그 중심에 서있는데, 컵케이크처럼 생긴 외형에 운전대와 페달은 찾아볼 수가 없다. 2009년부터 테스트를 시작한 구글카는 차량에 장착된 감지기로 사방에 걸쳐 축구장 2개만큼의 범위를 살필 수 있다. 이제 단순한 고속도로에서의 주행은 싱겁게 여길 정도가 된 구글카는, 일반도로에서 달리면서 신호등, 횡단보도, 공사표지판, 행인, 자동차, 자전거 등 다양한 상황을 학습해나가고 있다.

전기자동차 분야에서 혁신을 이어가고 있는 테슬라는 현재 무인자동차 분야에서도 두각을 나타내고 있다. 테슬라의 '모델 S' 자동차는 소프트웨어 업그레이드를 통해 고속도로에서 자동운전이 가능하게끔 만들어졌다. 즉 자동운전기능을 작동시키면 자동차가 알아서 차량 흐름에 맞춰 운전을 하고, 깜빡이를 켜면 자동으로 다른 차선으로 이동하는 것인데, 이처럼 최첨단 기술을 통해 테슬라는 또 한 번 시대의 흐름을 선도해나가고 있다.

무인드론, 공간의 제약을 넘다
— '아마존'과 '구글' 이야기

한 달 넘게 고민에 고민을 거듭해 준비한 일생일대의 프러포즈 프로젝트. 박 과장은 이제 그 성대한 막을 올리려고 한다. 오늘을 위해 통째로 빌린 카페, 시

아마존의 드론

출처: 소프트웨어정책연구소, spri.kr

계를 보니 그녀가 도착하기 30분 전이다.

'나름 분위기 있는 통기타 가수도 와있고, 데코도 이만하면 됐어. 음, 그럼 이제 모든 게 완벽한 건가. 그런데 뭐지? 이 허전한 느낌은…. 아차차차, 반지! 헐, 침대 머리맡에 둔 걸 깜빡했네. 이를 어쩌지. 집에 다녀올 시간은 없고….'

이 절체절명의 위기를 박 과장은 어떻게 헤쳐나갈 것인가?

미국의 최대 전자상거래 업체 아마존은 프라임 에어 서비스를 추진 중이다. 이것은 무인드론으로 상품을 배달하는 서비스로, 고객이 주문한 이후로 30분 내에 상품을 받을 수 있도록 해주는 것이다. 이 서비스에 사용되는 무인드론은 주변 물체와 경로를 감지해 충돌을 회피하게 해주는 소프트웨어와 안전 시스템 등 고도의 기술력으로 자동화되어있다.

아마존의 손익계산서를 보면 놀라움을 금할 수 없다. 매년 1000억 달러가 넘는 매출을 올리고 있지만, 순이익은 제로에 가깝기 때문이다. 어마어마한 물류 비용 탓이다. 그래서 아마존은 프라임 에어 서비스에 큰 기대를 걸고 있다. 이처럼 아마존은 어떻게 하면 가장 빠르고 안전하면서도 값싸게 운송할 수 있을지 묘책을 찾아 나서고 있다.

그런가 하면 세계 최대의 인터넷 기업인 구글의 자회사인 구글X도 '윙 프로젝트(wing project)'라는 무인드론을 개발하고 있다. 특히 구급 의료용 무인드론의 호출장치는 와이파이나 LAN, 휴대폰 테더링으로 연결됨으로써 작동되는데, 구급상자나 응급구호 물품 등을 무인드론이 호출받은 위치로 정확히 배송한다. 이 기술은 무인자동차 호출에도 적용될 것으로 보인다.

이와 같이 세계 최대의 상거래 기업과 ICT 기업이 무인드론 개발에 힘을 쏟는 이유는 무인드론의 소프트웨어 개발역량 및 빅데이터 수집·처리 수준이 미래의 물류와 유통의 성패를 좌우할 것으로 예측하고 있기 때문이다.

스마트시티, 똑똑한 미래도시
― '구글' 이야기

"믿기지 않겠지만 그땐 그랬단다."

박 과장은 주말을 맞아 딸아이의 현장체험학습을 함께하기 위해 서울시립생활박물관으로 향한다. 서울의 과거 생활상을 보여주는 박물관인데, 딸아이는 모든 게 낯설고 신기한가 보다.

"아빠, 아빠가 젊었을 땐 도로에 차가 막혀서 사람들이 오도 가도 못하고 멈춰있기도 했다는 거예요? 자동차끼리 부딪혀서 사람이 다쳤다니 말도 안 돼요. 그리고 자동차 때문에 환경이 오염됐다고요? 게다가 에어컨 좀 썼다고 전기요금폭탄 맞은 적이 있다고요? 에이, 지금 그걸 저보고 믿으라는 거예요?"

스마트시티란 말 그대로 '똑똑한 도시'로서, 도시의 교통, 환경, 수자원, 에너지 등 모든 인프라를 ICT로 연결하는 지능형 미래도시다. 최근 많은 나라에서 에너지 절감과 지능화된 첨단 교통 시스템 도입 등 도시 문제 해결 방안을 모색하면서 스마트시티가 크게 주

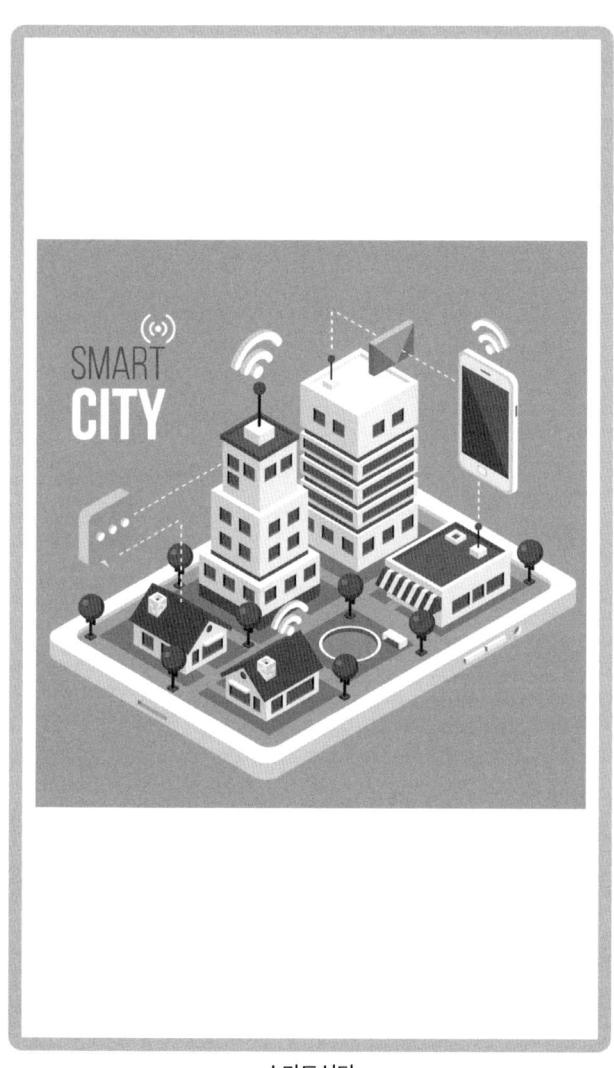

스마트시티

출처: www.freepik.com

목받고 있다.

한번 미래도시를 상상해보자. 무인자동차가 오가고, 날씨에 따라 가로등 밝기가 자동으로 바뀐다. 도로에 설치된 센서로 교통상황이 실시간으로 체크되고, 교통사고 위치정보가 운전자들에게 즉각적으로 공유되며, 별도의 연락 없이도 교통사고가 발생한 지역에 구급차와 사고복구반이 자동으로 출동한다. 물이나 전기를 사용할 때도 스마트미터링으로 사용자와 공급자 간에 양방향으로 실시간 계측이 가능하다.

사실 스마트시티 없이는 무인자동차와 무인드론 같은 신산업은 물론, 도시의 미래도 보장할 수 없다. 빅데이터, 인공지능, 사물인터넷 등 주요 신기술은 도시를 기반으로 꾸준한 기술 혁신을 이루고 있으며, 스마트시티는 이러한 기술 발전의 핵심 플랫폼이 되고 있다.

이러한 배경하에서 구글은 2015년 6월, 살기 좋은 미래도시 건설을 위해 사이드워크 랩(SideWalk Labs)이라는 회사를 설립해서 헬스 케어, 교통, 에너지, 법집행, 건설, 수자원 분야를 아우르는 스마트시티 구현 프로젝트를 수행하고 있다.

그렇다면 왜 구글은 스마트시티 사업에까지 뛰어들려고 하는 걸까? 구글이 개발하는 무인자동차나 무인드론이 더 빨리 현실화되려면 이를 위한 스마트한 인프라가 준비되어있어야 하기 때문이다. 그래서 구글은 스스로 직접 미래도시를 만들어보기로 마음먹었다. 자신들이 추구하는 인공지능 및 정보혁명을 성공시키려면 반드시 미래도시를 개발해야 하고, 이를 그들의 최대 강점인 데이터와 코딩의 힘으로 해내려고 하는 것이다.

2장

급격히 변화된 비즈니스 환경

삶도 일도 송두리째 바꿀 4차 산업혁명

2016년에 개최된 다보스 포럼은 140여 개 국가에서 2,500여 명의 주요 인사들이 참석한 가운데 '4차 산업혁명의 이해(Mastering the Fourth Industrial Revolution)'라는 주제로 열렸다. 이 자리에서 클라우스 슈밥 다보스 포럼 회장은 "삶과 일을 근본적으로 바꿀 기술혁명이 목전에 와있다"고 선포했다. 지금까지

클라우스 슈밥 다보스 포럼 회장

4차에 걸친 산업혁명을 통해 인류의 역사는 대전환점을 맞이했는데, 우리는 이를 자동화와 지능화, 연결성의 관점에서 살펴볼 수 있다.

1차 산업혁명기에는 증기기관이 발명되어 생산의 자동화가 시작되었다. 증기기관차와 증기선 같은 교통수단이 생기고, 다리와 터널, 항만 등 인프라가 늘어나면서 생산을 위한 사람과 물자의 이동이 용이해지고, 그렇게 생산된 제품들의 이동이 급격히 증가했다.

2차 산업혁명기에는 전기를 활용한 대량생산(컨베이어벨트 방식)이 가능해졌는데, 이 시기에 분업생산과 작업표준화로 생산의 자동화가 본격화되어 대량생산을 위한 굳건한 토대가 마련되었다. 이러한 획기적인 생산 방식은 많은 국가와 기업에 전파되었다.

3차 산업혁명기에는 컴퓨터와 로봇이 중심이 되어 훨씬 더 정교한 생산자동화가 가능해졌으며, 컴퓨터와 ICT를 통해 정보처리능력 또한 눈부신 성장을 이루었다. 또한 ICT의 발전으로 인해 형성된 가상공간이 현실공간(사람, 환경, 기계)과 강력하게 연결되었다.

우리가 목도하고 있는 4차 산업혁명기에는 인공

산업혁명 단계	자동화	지능화	연결성
1차	자동화의 탄생	인간의 지능으로 판단	자원의 물리적 연결
2차	자동화의 토대 마련	인간의 지능으로 판단	생산 방식의 연결
3차	정교한 자동화 의 실현	ICT의 도움을 받아 인 간의 지능으로 판단	사람 중심의 가상공 간을 통한 현실공간 과의 연결
4차	초자동화	초지능화, 인공지능이 분석하고 판단	초연결성, 사람의 개 입 없이 모든 만물이 극단적으로 연결

산업혁명의 특징 구분

지능이 발달해 극단적인 자동화를 경험하게 될 것으로 보인다. 특히 인공지능으로 무장한 로봇들이 단순 반복기술뿐만 아니라 숙련기술까지 익힘으로써 자동화된 생산을 담당할 것으로 예상된다. 또한 가상공간과 현실공간을 연결·융합하면서 사이버 물리 시스템(CPS, Cyber Physical System)이라는 새로운 환경도 등장할 것이다. 이를 통해 가상공간과 현실공간에서의 작업이 자동화되어 처리되는 신세계가 펼쳐질 것이다.

또한 사물인터넷(IoT, Internet of Things)을 통해 사람의 개입 없이 사물, 환경, 사람이 극단적으로 연결되어서 서로에게 필요한 정보를 교환하는 등 자유롭게 소통하면서 상호 협력하게 될 것이다. 이러한 만물의 극단적인 초연결성은 새로운 가치를 창출하는데, 공유경제나 온디맨드 경제 및 스타트업(start-up)의 활성화가 그 대표적인 예다.

이와 같이 수많은 사물이 연결되어 소통하게 되면 필연적으로 방대한 데이터가 생성될 수밖에 없는데, 이를 빅데이터(Big-Data)라고 부른다.

이 빅데이터는 더 이상 사람이 분석할 수 있는 대상이 아니다. 즉 인간의 지능이 아닌 인공지능이 빅데이터를 분석해서 판단을 내려야 된다. 이는 우리가 인간의 지능을 뛰어넘는 인공지능의 세상, 즉 초지능화

용어	설명
공유 경제 (Sharing economy)	물건이나 공간, 서비스를 빌리고 나눠 쓰는 인터넷과 스마트폰 기반의 사회적 경제 모델
온디맨드 경제 (On-demand economy)	이용자의 요구에 따라 상품이나 서비스가 바로 제공되는 경제 모델
스타트업 (Start-up)	기술 기반의 아이디어 또는 아이디어 기반의 기술을 바탕으로 한 신생 기업

최신 경제 시스템 관련 주요 용어 설명

의 세상을 맞이하게 되었음을 말해준다.

3차 산업혁명까지는 기계가 사람의 손과 발을 대신해서 유익을 주는 폭을 넓혀왔다면, 4차 산업혁명은 기계가 아예 인간의 두뇌를 대신한다는 점에서 가장 큰 차이를 보이는 것이다.

초자동화, 초연결성, 초지능화 그리고 이것들 간의 융합이 핵심 키워드인 4차 산업혁명은 사물인터넷, 빅데이터, 인공지능, CPS(Cyber Physical System, 사이버 물리 시스템) 등으로 대표된다. 이와 같은 기술이 제조업과 융합됨으로써 새로운 생산혁명의 시대를 열 것이다.

그렇다면 4차 산업혁명 시대에 산업 구조는 구체적으로 어떻게 재편될까? 현재 예상되는 4차 산업혁명 시대 산업 구조의 큰 틀은 미국의 산업인터넷(Industrial Internet) 전략과 독일의 인더스트리 4.0(Idustry 4.0) 전략이라는 두 축으로 압축된다. 이 두 전략은 근본적으로 제품과 서비스, 하드웨어와 소프트웨어, 그리고 가상공간과 현실공간의 융합을 목표로 하고 있으며, 이를 위한 사물인터넷 기반 확립, 빅데이터의 체계화, 인공지능의 활용 및 지능형 사이버 물리 시스템 구축을 대전제로 깔고 있다.

먼저, 미국의 산업인터넷 전략은 클라우드 서비스를 확대·재생산하여 새로운 산업 환경에서도 미국이 패권을 차지하는 것을 그 핵심으로 하고 있다. 특히 미국이 산업인터넷 전략에서 중점을 두고 있는 분야는 제조업 분야다.

한때 미국의 제조업은 세계 최강이었다. 그러나 1980년 이후 미국은 ICT나 금융업을 우선시하는 정책으로 전환했으며, 제조업은 이른바 오프쇼어링(Off-shoring) 정책을 채택해 인건비가 싼 지역인 중국이나 제3세계로 생산기지를 이전했다. 그러나 2008년 금융위기사태를 계기로 제조업의 중요성을 다시금 깨닫게 되어 최근 몇 년간 제조업 강화 전략으로 리쇼어링(Re-shoring, 제조업 기업들이 미국으로 되돌아오게 하는 것) 정책을 추진하기 시작했다. 미국의 산업인터넷 전략은 이러한 미국의 큰 정책 변화와도 그 맥을 같이하고 있는 것이다.

미국은 자신들이 전 세계적으로 가장 높은 수준의

경쟁력을 발휘하고 있는 가상공간, 즉 인터넷 서비스 플랫폼을 바탕으로 사물인터넷, 빅데이터, 인공지능, 사이버 물리 시스템 등의 신기술에 과감하고도 아낌 없는 투자를 하고 있다. 이렇게 확보된 신기술을 적극 활용해 무인자동차, 무인드론, 스마트시티 등으로 산업 영역을 확장해가고 있는 것이다. 이것이 미국 산업 구조의 큰 그림이다. 이를 보면 최근 미국을 대표하는 거대 기업인 GE와 구글, 아마존이 보여주고 있는 일련의 행보가 미국의 이러한 전략과 정확히 그 맥이 맞닿아 있음을 알 수 있다.

미국의 산업인터넷 전략을 더 자세히 살펴보면, 클라우드 서버가 가상공간과 현실공간의 모든 생산 관련 데이터(생산지, 생산 자원, 생산 설비, 구매 부품 등과 관련된 것)를 체계적으로 축적해나가고, 이렇게 쌓인 빅데이터를 인공지능으로 분석·처리·판단해서 공장에 생산활동을 지시한다. 이처럼 가상공간 네트워크를 통해 현실공간의 수많은 공장들을 통제하는 것이 이 전략의 핵심이다. 이로써 현실공간의 공장들은 가상공간의 단순한 생산수단으로만 기능하는 것이다.

다음으로 독일의 인더스트리 4.0 전략은 그 특성이 미국과는 정반대 방향이라고 할 수 있다. 독일은 세계 최강의 제조업기술력과 고성능 제조 설비를 보유하고 있다. 이 현실공간의 강점들을 모두 극단적으로 연결하고, 초지능을 사용해 최적의 생산성을 이끌어내는데, 이 모든 것이 전자동으로 수행된다. 이것이 독일이 제안하는 산업현장 기반의 새로운 산업 구조인데, 독일은 2020년대 초반에는 이러한 시스템을 글로벌 표준으로 만들 계획을 가지고 있다.

독일의 인더스트리 4.0 전략을 더 자세히 살펴보면, 독일 전국에 산재해있는 공장, 설비, 자재를 전부 사물인터넷으로 연결해 모든 관련 데이터를 공유하고 축적한다. 이를 통해 얻은 빅데이터는 인공지능을 기반으로 한 사이버 물리 시스템으로 분석·처리되어 최적의 생산활동을 지시한다. 이렇게 되면 전국의 모든 공장, 설비, 자재가 마치 하나의 시스템의 일부분처럼 움직이면서 생산최적화와 맞춤형 대량생산을 현실화할 수 있다.

4차 산업혁명은 우리에게 삶의 질 향상과 소득 증

가라는 유익을 가져다줄 것으로 예상되지만, 그에 못 지않게 어두운 면들이 벌써부터 우리를 불안에 떨게 하고 있다. 인공지능로봇에 의한 자동화가 고도화되면서 단순기술인력뿐만 아니라 중급 숙련기술자들까지도 대량으로 일자리를 잃고 고도 기술자들만이 살아남는 노동 시장 붕괴 현상이 예상되는 것이다. 그렇게 되면 빈부 격차와 양극화가 심화되고, 그로 인한 중산층 몰락과 사회적 불평등이 큰 불만요소로 작용해 전반적인 사회 불안을 초래할 수 있다.

4차 산업혁명의 특징 ①
—초연결성 (사물인터넷)

4차 산업혁명은 사람의 개입 없이 사물, 환경, 사람이 극단적으로 연결되어서 서로에게 필요한 정보를 교환하며 상호 소통·협력을 하면서 시작된다. 이렇게 만물이 자유롭게 연결되기 위해 반드시 필요한 것이 바로 사물인터넷이다.

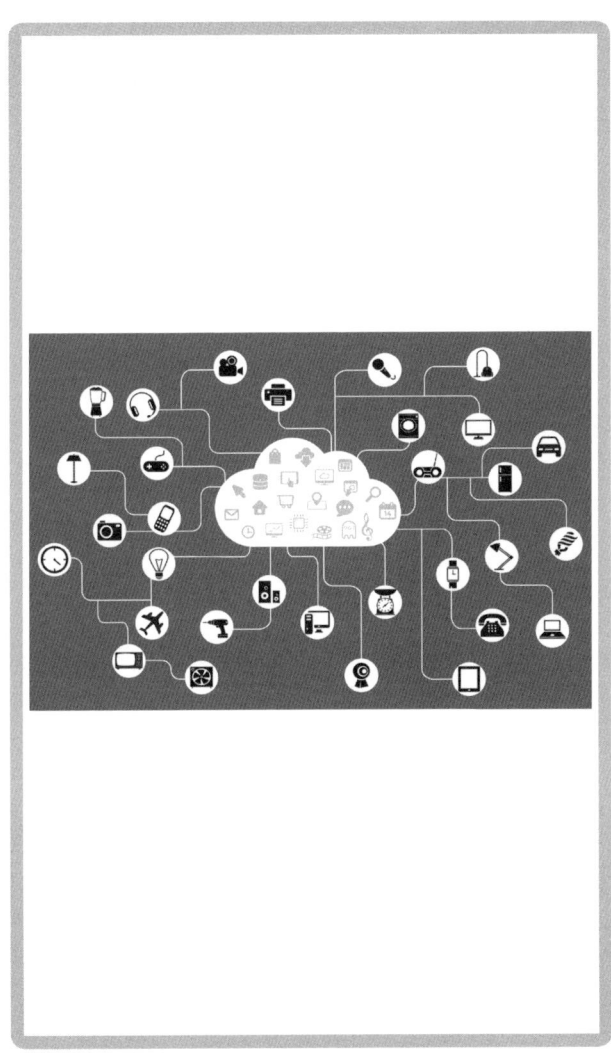

사물인터넷

출처: pixabay.com

사물인터넷은 모든 사물이 인터넷에 연결되는 것을 의미하는데, 이를 위해서는 모든 사물이 센서와의 통신기능을 가지고 있어야 한다. 사물인터넷에서 사물의 범위는 네트워크상에서 직접적으로 연결기능을 담당하는 컴퓨터나 스마트폰 같은 단말기는 물론이고 인간, 차량, 각종 전자제품, 의복, 건물, 자연 환경을 포함해 현실공간을 구성하는 모든 사물까지 다 포함시키고 있다. 이 같은 사물인터넷을 통해 기존의 가상공간과 현실공간을 연결하는 데서 한 걸음 더 나아가 현실공간과 가상공간의 모든 정보들이 상호 작용하는 개념으로 진화하고 있다.

　예를 들어 사람이 조깅을 하면 웨어러블 기기(손목시계, 운동화 등)가 인터넷으로 병원의 데이터베이스와 연결되어 건강 상태에 대한 데이터를 쌓아가고, 이를 근거로 실시간 건강 검진이 이루어진다. 운동을 마치고 집에 들어오면 스마트폰과 '소통'이 되어 자동으로 현관문이 열리고 조명이 켜진다. 냉장고에서 마지막 남은 이온음료를 꺼내면, 이와 동시에 냉장고는 마트의 구매 시스템으로 이온음료 한 박스를 주문한다.

정보기술연구 전문 회사인 가트너는 2009년까지 사물인터넷기술이 적용된 사물의 개수가 9억 개에 불과했지만 2020년에 이르면 무려 260억 개에 달할 것이라고 전망하고 있다. 이처럼 모든 사물이 서로 연결되면 전부 다 해킹될 수 있기 때문에 보안 시스템이 같이 발전되어야 한다.

4차 산업혁명의 특징 ②
— 초지능화 (빅데이터, 인공지능)

수많은 사물이 서로 연결되어 소통을 하면서 만들어진 방대한 데이터를 빅데이터라고 부르는데, 이 빅데이터는 이제 인간의 지능으로 분석하고 판단할 수 있는 범위를 넘어서고 있다. 이로 인해 우리는 인공지능이 빅데이터를 분석하고 판단하도록 하는 세상으로 이제 막 진입하고 있다.

빅데이터는 말 그대로 엄청나게 다양하고 많은 양의 정보를 의미한다. 이 방대한 데이터를 빠르게 생

빅데이터

출처: www.freepik.com

성·수집·분석함으로써 복잡하게 얽혀있는 세상사의 원인과 결과를 더욱 정확하게 파악하고, 그에 대비할 수 있게 된다. 또한 갈수록 개인화되는 현대인들의 욕구에 부응하는 서비스와 정보를 다양하게 제공할 수 있다. 예를 들어 일상생활을 하는 중에도 빅데이터는 생활 패턴을 계속 읽고 있기 때문에 쇼핑 사이트에서 상품을 검색하기만 해도 구매자의 생각을 모두 간파하고 있다는 듯 그 사람이 원하고 있는 상품들을 바로바로 선보인다.

빅데이터는 앞으로 정치, 경제, 사회, 문화, 과학, 예술 등 전 분야에 걸쳐 사람들에게 가치 있는 정보들을 제공하면서 더 나은 미래의 방향을 제시해줄 것이다.

이러한 빅데이터를 분석하고 판단하기 위한 기술이 바로 인공지능이다. 인공지능기술은 최근 몇 년 사이에 급부상하고 있는데, 구글에서 선보였던 '나우'와 애플이 우리를 들뜨게 했던 '시리'와 같은 개인비서부터, 사람들의 머릿속에 인공지능이라는 단어를 확실하게 각인시킨 계기가 된 구글 딥마인드의 '알파고'와 앞으

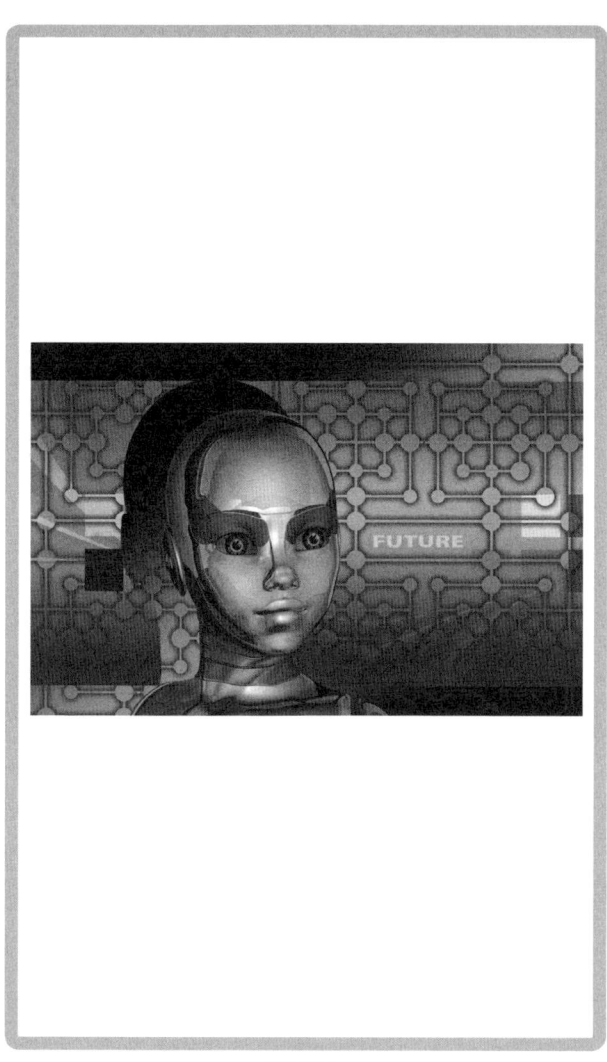

인공지능

출처: pixabay.com

로 등장할 무인자동차와 무인드론의 인지·판단 시스템에 이르기까지 놀라운 속도로 발전해가고 있다.

멈출 줄 모르는 인공지능기술의 발달로 미래의 일자리에도 많은 변화가 일어날 텐데, 단순작업부터 반복적인 전문 서비스 영역까지는 인공지능이 맡고, 사람은 인공지능의 도움을 받아 보다 창의적이고 감성적인 분야에 집중하게 될 것이다.

인공지능으로 대체될 것으로 예상되는 직업군을 살펴보면 생산직 종사자와 운송업자, 텔레마케터, 콜센터 상담원 등이 0순위이며, 놀라운 것은 법률상담사, 기자, 회계사, 세무사 등 전문 서비스직까지도 인공지능에 의해 대체될 수 있다는 사실이다.

반면에 인공지능이 대체하기 어려운 직종을 살펴보면, 간호와 협상 등 사람을 직접 보면서 해야 하는 직종이 큰 축을 이루고, 예술적·감성적·창조적 사고를 해야 하는 분야는 당분간은 인공지능이 대체하기가 쉽지 않을 것으로 예상된다.

한편 인공지능의 도움을 받아 사람이 더 효율적으로 작업을 수행할 수 있게 되는데, 예를 들어 변호사와 검사의 재판 전 사전조사업무나 간호사의 잡무처럼 단순반복적인 일은 인공지능에 맡김으로써 변호사는 의뢰인에게, 간호사는 환자에게 더 많은 시간과 공을 들여 보다 전문적인 서비스를 제공하고, 고객과의 소통도 보다 활발하게 할 수 있게 될 것이다.

다른 한편으로 빌 게이츠, 앨런 머스크, 스티븐 호킹 등 많은 선구자들은 인공지능이 초래할 수 있는 위험에 대해 지속적으로 우려를 제기하고 있기도 하다. 인공지능기술이 갈수록 고도화되어 자동화가 극단으로 치닫게 되면 인간이 통제할 수 있는 범위를 넘어설 것이고, 설사 통제할 수 있는 범위를 계속 유지할 수 있다 하더라도 불순한 목적을 가진 집단에 의해 인공지능이 통제된다면 사람들에게 걷잡을 수 없는 화를 미칠 수도 있을 것이다.

인공지능으로 통제되는 기계나 기기가 완전히 자율적으로 의사결정해서 작동하도록 만들었다고 가정해보자. 이때 설계 시 고려하지 못했던 상황을 이 기계나 기기가 만나게 되면 어떤 의사결정을 통해 무슨 행동을 취할지 예측하기가 힘들다. 예를 들어 무인자동차의 인공지능이 교통사고가 일어날 수밖에 없는 찰나의 순간에 결정의 기로에 섰다고 해보자. 보행자 10명을 향해 돌진하면 무인자동차의 탑승자 1명을 살릴 수 있다. 이 순간 인공지능은 과연 어떤 결정을 내릴까? 이처럼 인공지능의 의사결정에 따라 곧바로 인간의 생사가 좌우될 수도 있는 것이다.

인간이 인공지능을 완전히 통제할 수 있다고 하더라도 심각한 문제는 얼마든지 발생할 수 있다. 예를 들어 정치·종교 극단 세력이 불순한 의도로 인공지능 시스템을 무력화하거나 자신들의 뜻대로 움직이게 만든다고 가정해보라. 너무나도 끔찍한 일이지만 자율살상 무기 체계(LAWS, Lethal Autonomous Weapons Systems)가 해킹되어 무고한 시민들을 향해 총탄 세례를 퍼부을 수도 있고, 인공지능드론이 가미가제식 자살폭탄테러를 우리 눈앞에서 자행할 수도 있는 것이다.

4차 산업혁명의 특징 ③
— 초자동화 (사이버 물리 시스템)

사물인터넷을 통해 가상공간과 현실공간의 경계가 사라져 두 공간이 완전히 유기적으로 연결되고 융합되어있는 상황에서 사물들이 서로 자유롭게 소통하면서 인공지능에 의해 지능적·자동적으로 제어되는 환경을 사이버 물리 시스템(CPS, Cyber Physical System)이라 부른다. 한마디로 사물인터넷과 빅데이터 그리고 인공지능이 유기적으로 함께 작동하면서 현실공간에 피드백을 하는 시스템이다.

사물인터넷이 가전제품, 공장 설비, 의료 시스템 등의 분야에서 사물들을 네트워크로 연결해 정보를 공유하는 것이라 한다면, 사이버 물리 시스템은 정보 공유를 넘어 공유된 정보를 분석해서 현실공간에서 더 나은 의사결정을 할 수 있도록 보다 직접적인 도움을 준다. 이처럼 가상공간과 현실공간에서 벌어지는 모든 일들이 체계적으로 자동화되어 움직이는 신세계를 머지않아 경험하게 될 것이다.

사이버 물리 시스템(CPS)의 개념

출처: By ChristophRoser. Please credit "Christoph Roser at (http://www.
allaboutlean.com AllAboutLean.com", if possible with link. (Own work)
(CC BY-SA 4.0 (http://creativecommons.org/licenses/by-sa/4.0)), via
Wikimedia Commons

여기서 사이버 물리 시스템의 출현 배경을 살펴보면, 현재 사용 중인 산업기기, 의료기기, 보안 시스템, 항공기, 자동차는 전부 다 임베디드 시스템[Embedded system, 기계에 작은 컴퓨터(마이크로프로세서)를 장착해 제어하는 시스템]으로 작동되는데, 그 구성요소가 하루가 멀다 하고 점점 더 복잡해져만 가고 있어서 그에 따라 전체 시스템에 결함이 생길 확률도 그만큼 커지고 있다.

오늘도 우리를 위협하고 있는 자동차의 급발진 사고도 분명 임베디드 시스템의 오류 때문인데도 그 시스템이 워낙 복잡해서 제대로 된 원인 규명조차 이루어지지 않고 있다. 이와 같은 이유로 결함이 없는 신뢰할 만한 지능적인 자동화 시스템의 필요성이 꾸준히 제기되었는데, 사이버 물리 시스템은 기존 임베디드 시스템의 발전된 모습이라고 이해할 수 있다.

또한 가까운 미래에는 현실공간 내에 존재하는 시스템 안팎의 연결뿐만 아니라 가상공간과 현실공간의 연결과 융합이 매우 빠른 속도로 진행될 것으로 보이는데, 그 중심에는 역시 사이버 물리 시스템이 자리하고 있다.

예를 들어 구급차에 실려오고 있는 응급 환자의 상태 정보가 구글 글래스와 같은 웨어러블 기기를 통해서 맨 먼저 병원 CPS로 전달되는데, 병원 CPS는 응급 환자의 현재 상태와 기본정보 DB(이름, 나이, 주소, 과거 병력, 현재 약 복용 여부 등)를 가지고 분석에 들어간다. 분석 후 병원 CPS는 권장되는 수술과 약품 등의 정보를 병원 수술실에서 대기 중인 의료진의 구글 글래스로 전송한다. 수술실에 도착한 응급 환자의 수술 시에도 병원 CPS는 끊임없이 의료진에 의료기기 분석을 통한 환자의 정확한 상태 정보를 구글 글래스를 통해 실시간으로 제공한다. 병원 CPS는 필요하다고 판단되면 다른 전문의들을 원격으로 연결해 수술에 참여시킬 수도 있다.

이와 같이 사이버 물리 시스템을 통해서 우리가 얻을 수 있는 유익은 스마트공장, 스마트시티, 스마트전력망, 스마트운송 시스템, 안전한 교통 시스템, 맞춤형 원격 의료 서비스, 실시간 재난 대응 시스템, 스마트국방, 스마트농업 등에 이르기까지 그 끝을 가늠하기 어려울 것이다.

3장

앞서가는 자들이 변화에 대처하는 방식

독일의 국가주도형 인더스트리 4.0

최고의 제조업기술력 하면 사람들은 너나 할 것 없이 독일을 첫 손으로 꼽는 데 주저하지 않는다. 이 제조업 최강자 독일이 2000년대부터 위기를 겪게 되었다. 값싼 인건비로 중무장한 중국과 동남아시아 등 신흥 공업국과 기술 추격을 시작한 한국 등 후발주자들로 인해 위기감을 느끼게 된 데다, 대부분의 서구 국가들이 그렇듯 출산율이 떨어지고 고령화가 **빠르게** 진행되어 경제활동인구가 줄어든 탓이다. 이러한 요인들 때문에 독일은 제조업 경쟁력이 점점 떨어질 수밖에 없는 구조적인 문제에 봉착하게 된 것이다.

이러한 독일에는 세계 최강의 제조업 경쟁력을 되찾을 수 있는 근본적인 변화가 간절했는데, 그 변화의 몸부림 속에서 탄생한 것이 바로 2006년의 '하이테크 비전 2020'이었다. 이 비전은 독일이 지속적인 경제 성장, 일자리 창출, 기후 변화 및 고령화에 대응하기 위한 원대한 미래 계획이었는데, 그다지 주목받지 못한 채 야속한 세월만 흘러갔다. 하지만 2012년, 이 비전에 새롭게 추가된 전략 하나가 지금까지의 판도를 확 바꿔놓게 되었다. 그것이 바로 '인더스트리 4.0'이다. 이제 사람들은 독일을 인더스트리 4.0의 나라로 기억하기 시작했다.

인더스트리 4.0은 인간과 기계 그리고 인터넷이 연결된 가볍고 유연한 생산 시스템으로, 다품종 대량생산이 가능하도록 하는 전략이다. 즉, 독일 전국에 산재해있는 공장, 설비, 자재를 사물인터넷으로 연결해서 모든 데이터를 공유·축적하고, 여기에서 얻어진 빅데이터는 인공지능을 기반으로 한 사이버 물리 시스템을 통해 분석·처리되어 최적의 생산활동을 지시한다. 이렇게 되면 전국의 모든 공장, 설비, 자재가 마치 하나의 시스템처럼 움직이면서 생산최적화와 맞춤형 대량생산이 가능해진다.

인더스트리 4.0 전략의 궁극적 목표는 제조업에 ICT를 접목해 기획, 설계, 조달, 생산, 물류, 서비스까지 통합관리하는 스마트공장을 구축하는 것이다. 즉, 스마트폰과 같은 공장을 만드는 것인데, 스마트폰에 어떤 어플리케이션이 깔려있느냐에 따라 그 쓰임새가 천차만별인 것처럼 스마트공장 역시 활용하는 어플리케이션에 따라 어떤 제품이라도 생산할 수 있는 공통의 장치가 되는 것이다.

인더스트리 4.0 전략은 2013년부터 독일 정보통신산업협회, 독일 엔지니어링협회, 독일 전기전자산업협회 등의 주도로 실행되었는데, 2억 유로 이상을 투자해 산학연(산업계, 학계, 연구소) 연구 프로젝트(스마트공장, 사물인터넷, 사이버 물리 시스템 등)를 수행했고, 이를 통해 국가 차원의 기술 표준을 개발하고 시범 모델을 운영하고자 했다. 특히 스마트공장 프로젝트는 독일 인공지능연구소를 중심으로 보쉬, 지멘스, SAP 등의 독일의 대기업, 해외 기업, 대학이 함께 참여해 전국에 5개의 스마트공장을 지으면서 기술상용화를 추진했다.

특히 2015년 4월에는 '플랫폼 인더스트리 4.0'이 선포되었다. 독일은 인더스트리 4.0을 2년(2013~2015) 동안 산업협회 중심의 연구 프로젝트로 수행했으나, 추진력이 약해 많은 성과를 거두기 어려웠음을 반성하고, 이러한 문제점을 해결하기 위해 독일 정부 중심으로 추진하기로 결정하고 그에 따라 연방교육연구부와 연방경제기술부 주도로 인더스트리 4.0 관련 핵심 프로젝트들(스마트공장 구축 프로젝트, 사이버 물리 시스템 프로젝트, 인공지능 시스템 프로젝트, 통신·인터넷기술 개발 프로젝트)을 수행하고 있다.

인더스트리 4.0 전략을 성공시키기 위해서 가장 중요한 프로젝트는 뭐니 뭐니 해도 스마트공장 구축 프로젝트라고 할 수 있다. 스마트공장 구축 프로젝트란 제품의 기획, 설계, 생산, 물류 등 전 과정이 로봇, 사물인터넷, 클라우드 컴퓨팅, 인공지능, 사이버 물리 시스템 등의 기술로 통합 수행되어 최소의 시간과 비용으로 고객맞춤형 대량생산이 가능한 공간을 만드는 프로젝트를 말한다.

스마트공장에서 단순반복작업은 전부 다 로봇이 수행하고, 사람은 공장의 로봇들을 모니터링한다. 인공지능으로 무장한 로봇은 피로라는 것을 알지 못할 뿐 아니라 업그레이드가 계속해서 이루어지므로, 즉 시간이 흐를수록 축적된 경험만큼 스스로 학습하면서 진보되기 때문에 일솜씨가 갈수록 향상될 수밖에 없다.

더구나 이렇게 천하무적 일꾼인 로봇은 서로 떨어져있는 외로운 존재가 아니라 사물인터넷을 통해 모두가 연결되어 대동단결을 표방하고 있다. 다시 말해 하나의 로봇은 공장 내의 다른 로봇들뿐만 아니라 그 밖의 모든 장비, 설비, 사람, 소모품, 심지어 자재들과도 연결되어있다.

이렇게 공장 내 모든 구성요소들이 극단적으로 연

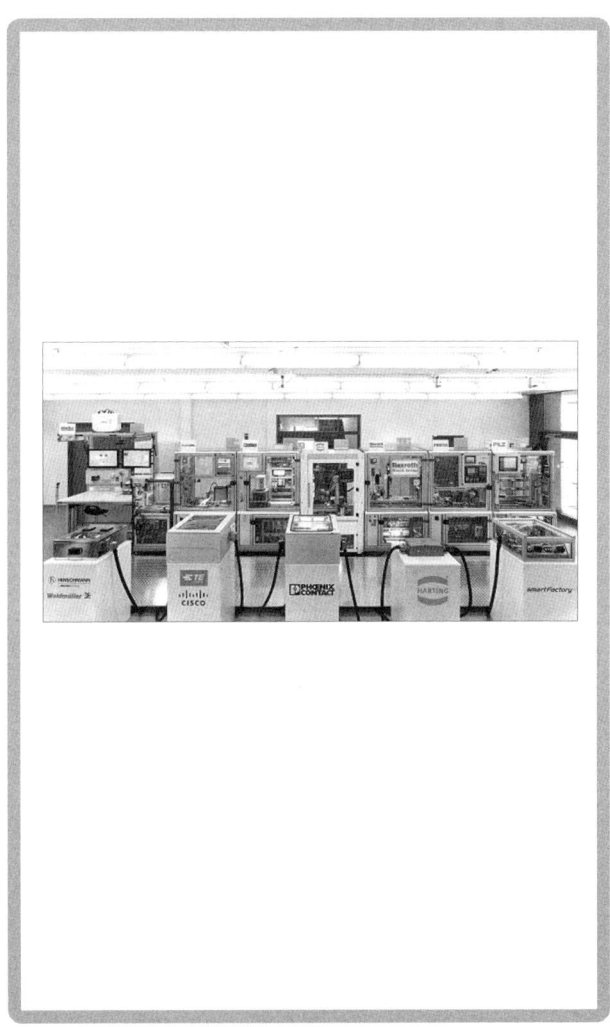

스마트공장

결되면 방대한 데이터가 만들어지는데, 이 엄청난 양의 데이터는 공장의 가상공간인 클라우드 컴퓨팅 시스템(Cloud Computing System)으로 모이고, 이 시스템 내에서 인공지능을 통한 데이터 분석과 판단이 이뤄진다. 이러한 데이터 분석과 판단이야말로 스마트 공장의 핵심 경쟁력이라고 할 수 있다. 이와 같이 현실공간과 가상공간 사이의 경계가 사라져서 현실공간의 구성요소들이 가상공간에서 서로 소통하고 협력하며 성과를 내는 환경도 제2장에서 언급한 사이버 물리 시스템의 일종인 것이다.

공장에 가득 찬 스마트한 구성요소들(스마트한 로봇, 모든 것이 연결되어있는 환경, 효율적인 클라우드 컴퓨팅 시스템, 한치의 오차도 허용하지 않는 인공지능, 그리고 이 모두를 뒷받침하는 사이버 물리 시스템 등) 덕분에 공장의 효율은 피크를 치게 된다. 기계의 불량은 사전에 예측되어 자동으로 선조치가 취해지기 때문에 제품 불량은 상상할 수도 없다. 고객 각각의 까다로운 요구에도 대응할 수 있고, 정확한 데이터 분석으로 고객 수요에 따른 최적화된 생산량관리를 하기 때문에 재고가 발생할

수 없으며, 생산 즉시 고객에게 자동 배송되는 시스템
까지 갖춰져있다.

독일이 인더스트리 4.0을 성공시킴으로써 얻게 될
이익을 살펴보자.

첫째, 고객맞춤형 대량생산(Mass Customization)을
확대해나감으로써 이윤 창출을 극대화할 수 있다.
지금까지의 제품생산은 파레토의 법칙을 따라왔다.
다시 말해서 전체 매출의 80퍼센트를 차지하는 것은
상위 20퍼센트 제품에 불과하다는 믿음이 지배적이
었고, 따라서 대부분의 기업들이 상위 20퍼센트 제품
을 중심으로 고객맞춤형 대량생산을 해왔다. 그러나
ICT의 발전과 물류혁명은 롱테일(긴꼬리) 경제학을 탄
생시켰다. 롱테일 경제학은 2004년에 미국의 기술 전
문 잡지인 〈와이어드(Wired)〉의 편집장 크리스 앤더슨
(Chris Anderson)이 주창한 이론으로, 롱테일은 파레
토의 법칙에서 말하는 80퍼센트를 가리킨다. 지금까
지 파레토의 법칙에 의해서 무시되어왔던 이 80퍼센

트가 인터넷과 새로운 물류기술의 발달로 경제적인 의미를 가질 수 있게 되었다는 이론이다. 요컨대 인더스트리 4.0은 하위 80퍼센트 제품에 대해서도 고객맞춤형 대량생산을 할 수 있도록 해줌으로써 이를 통한 시장 선점과 이윤 창출이 가능케 된 것이다.

둘째, 제조업의 획기적인 변신으로서, 제조업이 화이트컬러 산업으로 바뀌는 것이다. 특히 공장은 더 이상 설비를 교체하지 않아도 된다. 스마트폰처럼 공장도 앱스토어를 구비해 어플리케이션을 설치하고 업데이트함으로써 설비를 모니터링하고 업그레이드할 수 있기 때문이다.

이러한 스마트공장은 소음도 별로 없고 오염물질도 거의 배출하지 않아서 도심에 위치할 수 있게 된다. 또한 공장 간 설비 공유·배치가 자유로워져서 공장 근로자들의 재택근무도 활성화된다.

무한 멀티의 욕심쟁이
— '구글' 이야기

앞으로의 산업생태계는 현실세계와 가상세계가 상호작용하면서 부족한 점을 보완해나가는 방향으로 진행될 것이다. 이는 하드웨어와 소프트웨어가 융합되는 모습으로 구체화될 것이다. 현재 글로벌 기업들의 전략 방향도 이와 궤를 같이하고 있다. 하드웨어가 강한 기업들은 소프트웨어 관련 역량을 강화하는 데 전력을 기울이고, 소프트웨어로 성장한 기업들은 하드웨어 관련 역량 확보에 투자를 아끼지 않고 있다.

이러한 글로벌한 변화를 주도하고 있는 기업은 단연 구글이다. 소프트웨어 관련 능력에 있어서 세계 최강인 구글은 계속되는 인수·합병을 통해 하드웨어 관련 역량 확보에 총력을 기울이고 있다. 1998년에 창업한 구글은 2015년까지 무려 165개 기업을 사들였는데, 이를 통해 구글의 관심 분야와 사업 전략을 가늠해볼 수 있다. 구글 1.0(구글 1세대)이 검색엔진 분야에서 최고가 되는 것이었다면, 구글 2.0(구글 2세대)은 하드웨어 분야(제조 분야)로 영역을 확대하는 것이 그 전략의 핵심이다. 구글은 자신들이 세운 이러한 경영 전략을 일련의 프로젝트 수행을 통해서 실현해나가고 있다.

특히 ICT 업계에서 세계 최대의 공룡기업인 구글이 요즘 야심차게 수행하고 있는 프로젝트가 있는데, 이름하여 'X 프로젝트'와 'Y 프로젝트'이다.

X 프로젝트는 무인자동차기술 개발에 관한 것이다. 구글이 특별히 관심을 기울이고 있는 무인자동차기술은 프로젝트를 성공적으로 수행함으로써 가시적인 성과를 내고 있으며, 상용화도 목전에 두고 있다. 구글은 무인자동차기술에 우주항공기술까지 접목해 날아다니는 자동차(Flying car)를 개발하는 프로젝트도 준비 중이다.

Y 프로젝트는 스마트시티 개발에 관한 것이다. Y 프로젝트는 구글의 지주회사인 알파벳(Alphabet)과 솔루션 개발 전문 계열사인 사이드워크 랩스(Sidewalk labs)가 공동으로 수행하고 있다.

구글은 왜 스마트시티 개발에 사활을 걸고 있을까?

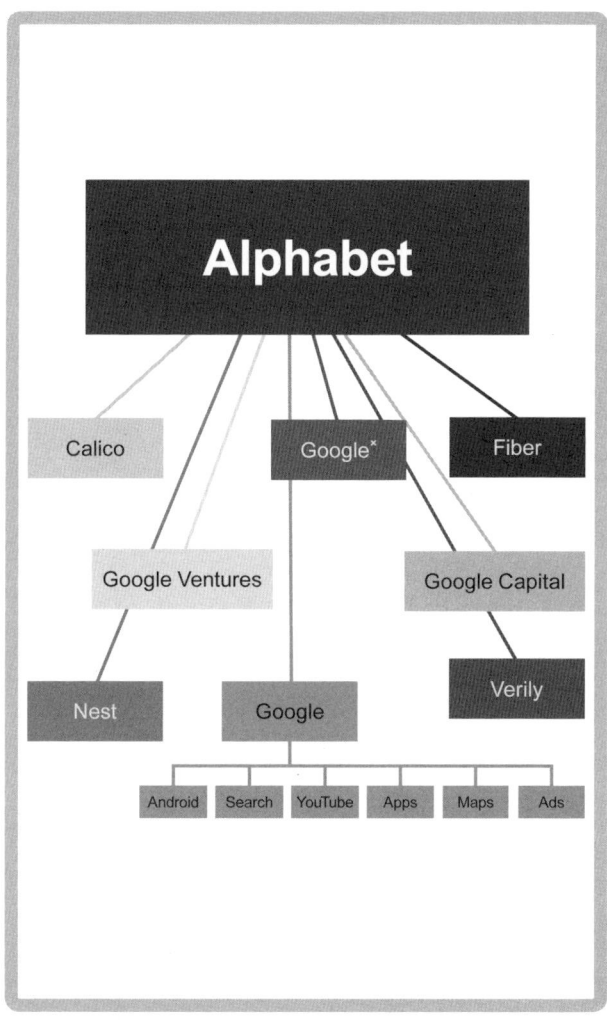

구글의 지주회사 알파벳과 그 자회사들

출처: By Alvandria (CC BY-SA 4.0 (http://creativecommons.org/licenses/by-sa/4.0)), via Wikimedia Commons

ICT 관련 기술을 기반으로 하는 새로운 세상을 만들려는 구글은 기존 도시를 ICT 관련 기술로 업그레이드하는 것에는 한계가 있다고 판단하고 아예 새로운 개념의 '구글 도시'를 만들기로 작정한 것이다. 이것이 Y 프로젝트가 출발하게 된 배경이다. Y 프로젝트(스마트시티 개발)는 구글이 야심차게 추진하고 있는 X 프로젝트(무인자동차 개발), 드론 개발 프로젝트, 에너지 프로젝트, 스마트홈 개발 프로젝트 성공의 핵심 기반이 되는 중요한 위치에 서있다.

구글은 Y 프로젝트(스마트시티 개발)를 위해서 링크뉴욕(Link NYC) 프로젝트를 진행 중인데, 이는 8년 동안 2434억 원을 투자해 뉴욕 시내에 7,500개의 와이파이 무선 인터넷 키오스크를 설치하는 것을 그 내용으로 하고 있다. 이를 통해 교통 패턴, 공기의 질, 소음 등 도시 곳곳의 정보를 얻어 빅데이터를 만들어내는 것이 핵심이다.

그런가 하면 구글은 이미 전 세계인들이 무엇을 원하고 있는지를 자신들이 구축해놓은 빅데이터를 분석해 파악하고 있다. 이를 통해 전 세계를 대상으로 도시 재생 프로젝트와 신도시 건설 프로젝트에 나설 만반의 준비를 해놓은 것이다.

이외에도 구글은 아래와 같이 따끈따끈한 프로젝트들을 현재도 수행하면서 누구보다 열심히 미래를 준비하고 있다. 대표적으로는 이제는 우리에게 너무나도 친숙한 구글 딥마인드의 알파고 개발 프로젝트가 그것이다. 딥마인드는 2014년 1월에 구글의 자회사로 편입되었고, 딥마인드의 CEO인 데미스 허사비스(Demis Hassabis)는 구글의 인공지능 개발 프로젝트 전반을 총괄하고 있다.

구글X는 구글의 비밀 연구기관인데, 2010년 설립되었다. 2015년에는 구글의 지주회사인 알파벳(Alphabet)의 자회사가 되었다. 구글X는 X 프로젝트(무인자동차 개발), 윙 프로젝트(무인드론 개발), 글래스 프로젝트(증강현실 개발), 룬 프로젝트(무선라우터가 실린 열기구 개발) 등을 수행하고 있다.

역발상의 승부사
— '테슬라' 이야기

2003년에 설립된 테슬라(Tesla)는 전기자동차를 만드는 미국 기업이다. 테슬라 하면 거의 반사적으로 떠오르는 사람이 바로 테슬라의 CEO인 엘론 머스크(Elon Musk)인데, 그는 테슬라 이외에도 온라인 출판 소프트웨어 회사인 Zip2, 민간 우주로켓 회사인 스페이스X, 세계 최대의 태양광 발전 업체인 솔라시티(SolarCity)를 창업한 인물이다.

테슬라가 다른 전기자동차 회사들과 구별되는 최대 강점은 저렴한 배터리 가격과 3배나 더 긴 주행거리에 있다. 특히 배터리는 전기자동차 한 대 가격의 절반 이상을 차지할 만큼 가격 비중이 높은데, 테슬라는 압도적으로 저렴한 배터리를 생산해 전기자동차 시장에서 월등한 가격 경쟁력으로 경쟁사들을 한참 따돌리고 있다.

또한 테슬라 이전의 전기자동차들은 한 번 충전하면 100~200킬로미터 정도를 주행하는 것이 일반적이었는데, 테슬라는 전기자동차로서는 상상조차 할 수 없었던 500킬로미터를 주행할 수 있게 되었다.

  그렇다면 테슬라는 어떻게 비싼 배터리 가격과 짧은 주행거리라는 기존 전기자동차의 한계점을 극복할 수 있었을까? 테슬라는 이를 프로젝트 방식으로 접근해 과감히 해결해나갔다. 먼저 배터리는 배터리 개선 프로젝트를 통해서 풀어나갔다. 기존의 전기자동차 업체들은 중대형 리튬이온전지로 된 전용 배터리를 사용해왔는데, 그 이유는 스마트폰이나 노트북에 사용되는 소형 리튬전지는 당연히 크기가 훨씬 큰 전기자동차에는 적합하지 않을 것이라고 예단했기 때문이다. 그래서 비싼 중대형 리튬이온전지를 사용해온 것이다. 그러나 테슬라는 발상을 전환해 소형 리튬이온전지를 전기자동차에 활용하는 프로젝트를 시도해 성공을 거두었던 것이다. 이를 통해 테슬라의 배터리는 경쟁사들에 비해 훨씬 가벼우면서 높아진 에너지 밀도를 자랑하게 되었다. 이는 놀라운 주행거리로 이어졌고, 모델 S의 경우 1회 충전으로 주행거리 500킬로미터라는 대기록을 세우게 되었다.

  또한 전기자동차가 안고 있는 고질적인 문제로 충

전소가 절대적으로 부족하고, 충전시간이 매우 길다는 것을 꼽을 수 있는데, 테슬라는 이에 대해서도 프로젝트 방식으로 완벽하게 해결해나갔다. 테슬라의 수퍼충전소 프로젝트인 수퍼차저(Supercharger)가 바로 그 주인공으로, 테슬라는 이 프로젝트를 통해 충전시간을 획기적으로 줄였다. 테슬라의 수퍼충전소인 수퍼차저는 충전 속도를 기존의 75킬로와트에서 135킬로와트로 2배 가까이나 업그레이드했는데, 135킬로와트의 출력은 한여름 중대형 빌딩에서 에어컨을 풀가동하는 세기에 해당한다. 이러한 전력을 차한 대에 주입한다고 생각해보면 얼마나 대단한 프로젝트인지를 실감할 수 있는 것이다. 이제 수퍼차저는 20분 동안에 50퍼센트까지, 40분이면 80퍼센트까지 충전할 수 있으며, 한 충전소에는 충전기가 10대까지 설치되고, 게다가 충전은 영원히 무료다. 앨론 머스크가 운영하는 태양광 발전 기업인 솔라시티에서 충전소로 전기를 공급해주기 때문이다.

테슬라의 수퍼충전소인 수퍼차저

출처: By Jeff Cooper (jecoopr) (CC BY 2.0 (http:// creativecommons. org/
licenses/by/2.0)), via Wikimedia Commons

그들의 공통된 대응 방법
— 프로젝트 방식

지금까지 선진국들과 선진기업들이 4차 산업혁명이 가져오고 있는 기술과 비즈니스 환경 변화에 얼마나 적극적으로 대응하고 있는지를 살펴보았다.

다시 한 번 정리해보자.

제조업의 최강자인 독일은 그들이 수립한 인더스트리 4.0 전략을 2013년부터 독일 정보통신 산업협회, 독일 엔지니어링협회, 독일 전기전자산업협회 등의 주도로 산학연 연구 프로젝트(스마트공장, 사물인터넷, 사이버 물리 시스템 등)를 통해 수행해왔고, 2015년 4월에는 플랫폼 인더스트리 4.0을 선포하면서 수행 주체를 독일 정부 중심으로 바꾸었다. 이에 따라 현재 인더스트리 4.0 전략에 대해 연방교육연구부와 연방경제기술부 주도로 핵심 프로젝트들(스마트공장 구축 프로젝트, 사이버 물리 시스템 프로젝트, 인공지능 시스템 프로젝트, 통신·인터넷기술 개발 프로젝트)이 수행되고 있다.

세계 최대의 ICT 기업인 구글은 구글 2.0(구글 2세대) 전략에 따라 하드웨어 분야(제조업 분야)로의 영역 확대를 최우선 목표로 삼고 있다. 구글은 자신들이 세운 이러한 경영 전략을 일련의 프로젝트 수행을 통해 실현해가고 있는데, 그 대표적인 예로 X 프로젝트(무인자동차 개발), Y 프로젝트(스마트시티 개발), 에너지 프로젝트, 스마트홈 개발 프로젝트, 링크뉴욕 프로젝트, 날으는 자동차(Flying car) 개발 프로젝트, 도시 재생 프로젝트, 인공지능 개발 프로젝트, 윙 프로젝트(드론 개발), 구글 글래스 프로젝트(증강현실 개발), 룬 프로젝트(무선 라우터가 실린 열기구 개발) 등을 들 수 있다.

떠오르는 새로운 스타인 테슬라는 기존 전기자동차 업계의 고정관념을 배터리 개선 프로젝트와 수퍼차저 프로젝트 수행을 통해 통렬히 깨뜨려 나가면서 변화를 이끌어냈을 뿐만 아니라, 업계 최고의 위치에서 더 큰 시장을 열 수 있게 되었다.

우리는 이들의 대응 방식을 보고 한 가지 공통점을 어렵지 않게 찾아낼 수 있는데, 그것은 바로 그들 모두가 프로젝트 방식으로 새로운 변화에 대응했다는 것이다.

지금 우리는 4차 산업혁명이라는 거대한 도전에 직면해있다. 이 도전에 제대로 '응전'해야만 침체에서 벗어나 재도약할 수 있을 뿐 아니라, 오랜 선진국 진입의 꿈도 함께 이뤄낼 수 있을 것이다.

그렇다면 지금 우리가 해야 할 일은 무엇인가? 그것은 우리보다 앞서 도전에 나선 선진국과 선진기업의 경험과 방식으로부터 교훈을 얻는 것이다. 특히 그들 모두가 사용하고 있는 프로젝트 방식에 대해 제대로 아는 것이 지금 우리에게 내려진 최우선 과제라 할 것이다.

이를 위해 이 책에서는 제2부부터 프로젝트란 무엇이며, 프로젝트를 효율적으로 수행하기 위해 필요한 것은 무엇이고, 전략을 성공시키기 위해 왜 프로젝트 방식을 사용해야 하는지를 살펴볼 것이다.

2부

왜 프로젝트관리인가?

4장

무엇으로 변화를 주도할 것인가?

인생 만사, 프로젝트

　박 과장은 영어학원 가던 길에 무심코 보게 된 광고지 한 장에 깜짝 놀란다. 상의를 완전히 벗어젖히고 울퉁불퉁한 몸매를 자랑하려고 마음껏 폼을 잡은 남자들이 박 과장을 죽일 듯이 노려보는 것이 아닌가.

　"12주 몸짱 만들기 프로젝트? 요새 헬스장 광고는 아주 멋들어지네."

러버덕 프로젝트(Rubber Duck Project)

출처: Eva Rinaldi (CC BY-SA 2.0 (http://creativecommons.org/
licenses/by-sa/2.0)), via Wikimedia Commons

세상 만사, 프로젝트

출처: pixabay.com

관심이 아주 없지는 않은 듯 다시 한 번 광고지를 돌아본 박 과장은 이내 자신의 뱃살로 시선을 고정시킨다.

　'나이는 정말 못 속인다니까. 40이 되니 제일 먼저 반응하는 게 내 똥배로세. 이참에 나도 헬스나 해볼까? 100일만 꾹 참고 하면 저런 울퉁불퉁한 몸은 아니더라도 이 뱃살은 다스릴 수 있지 않을까?'

　이윽고 영어학원에 도착한 박 과장은 토익 800점을 목표로 6개월치 수강료를 눈 딱 감고 결제한다. 내년 차장 진급을 위해서는 반드시 필요한 녀석이 요 토익 800점이기 때문이다.

　이처럼 우리는 일상생활에서 '프로젝트'라는 용어를 자주 접한다. 몸짱 만들기 프로젝트, 영어 정복 프로젝트, 건강 프로젝트, 10억 만들기 프로젝트, 3박 4일 베이징 여행 프로젝트, 추석에 찐 살 빼기 프로젝트 등···. 요즘 현대인의 일상생활은 마치 수많은 프로젝트들에 포위되어있는 듯하다.

　더 나아가 우리의 인생 자체가 프로젝트의 연속이

라 해도 과언이 아니다. 출산, 산후조리, 육아, 입학, 학원, 공부, 입시, 팀 과제 수행, 여행, 군대, 취업, 결혼, 내 집 마련, 자격증 취득, 이직 등 모든 것을 우리는 '프로젝트'라고 부를 수 있기 때문이다.

〈정글의 법칙〉이라는 인기 TV 프로그램이 있다. 달인 김병만 족장을 중심으로 인기 연예인들이 오지에서 벌이는 사투를 유쾌하게 그려내 재미를 주고 있다.

이 프로그램을 오래 보다 보면 일정한 패턴을 발견할 수 있는데, 생존지에 도착하면 맨 먼저 불을 피우고, 집을 짓고, 수렵·채집부터 한다는 것이다. 족장의 도움 아래 각자 할 일을 분배받아 일사불란하게 움직이면서 이 모든 과제를 하나씩 달성해나간다.

인류 역사상 최초의 프로젝트도 〈정글의 법칙〉에서처럼 생활했던 원시부족 사회에서 찾아볼 수 있을 것이다. 함께 집과 부락을 만들고, 수렵·채집한 그 모든 활동을 요즘식으로 말하면 '프로젝트'라고 부를 수 있을 것이기 때문이다.

이렇듯 인류 문명이 시작된 이후에도 많은 프로젝

트들이 진행되어왔고, 인류는 이를 통해 발전해나갈 수 있었다. 즉, 프로젝트의 역사는 인류 문명의 역사와 그 궤를 같이하고 있다. 예를 들어 이집트의 피라미드와 스핑크스, 중국의 만리장성, 캄보디아의 앙코르와트, 인도의 타지마할 등은 인류 문명의 역사 속에서 발견할 수 있는 최초의 대규모 프로젝트들이다.

우리의 선조들 역시 프로젝트 역사의 계보에 뚜렷한 발자취를 남기셨다. 세종대왕의 한글 창제, 이순신 장군의 거북선 건조, 정조대왕의 수원 화성 축조는 우리의 자랑스러운 프로젝트 역사들이다. 특히 수원 화성 축조는 그 프로젝트 기록을 1,334쪽에 달하는 《화성성역의궤》에 정교하게 기술해둔 것으로 유명하다.

제2장에서도 말했듯이, 18세기 말부터 서양을 휩쓴 1차 산업혁명으로 인해 산업 분야에 많은 변화가 일어났는데, 증기기관차와 증기선 같은 교통수단이 발전했고 다리, 터널, 항만 등 인프라도 늘어나면서 생산에 필요한 사람과 물자의 이동이 용이해졌으며, 생산된 제품의 이동도 급격히 증가했다. 이에 따라 대량

수원 화성

출처: By bifyu (a flickr user) [CC BY-SA 2.0 (http://creativecommons.org/
licenses/by-sa/2.0)], via Wikimedia Commons

생산이 요구되는 분야에서는 많은 원료, 자원, 인력, 장비 등을 효율적으로 관리할 수 있는 체계적인 운송, 저장, 제조, 배송 시스템이 필요하게 되었으며, 이러한 배경하에서 미국에서는 대륙횡단철도나 후버 댐과 같은 국가적인 대형 프로젝트들이 진행되었다.

이렇게 인류의 역사와 함께 흘러온 프로젝트가 현대사회로 넘어오면서 제조 산업, 건설 산업, 방위 산업, 우주항공 산업, 정보통신 산업, 방송 산업, 금융 산업 등 거의 모든 산업 분야에서 활용되고 있다. 삼성전자의 차세대 스마트폰 개발 프로젝트, 현대자동차의 신차 개발 프로젝트, 영화와 드라마 제작 프로젝트, 조직 구조 개편 프로젝트, 정보 시스템 개발 프로젝트, 생산 방식 개선 프로젝트, 마케팅 프로젝트 등이 그 예다.

또한 국가나 지방자치단체들도 많은 프로젝트성 사업을 진행해왔다. 경제 개발 5개년 계획 프로젝트, 경부고속철도 건설 프로젝트, 새만금 간척 프로젝트, 청계천 복원 프로젝트, 인천 신공항 건설 프로젝트 등이 그 예다. 그 외에도 서울 올림픽 프로젝트, 인천 아시

안 게임 프로젝트, 2002 한일 월드컵 프로젝트, 대전 엑스포 프로젝트, ASEM 정상회의 프로젝트 등이 수행되었다.

지금까지 우리는 수많은 프로젝트들을 우리의 일상에서부터 시작해 인류 역사와 산업 그리고 국가 차원에 이르기까지 살펴보았다. 가히 우리가 살아왔고 살아가고 있는 이 모든 세상이 프로젝트들로 가득 차 있다고 할 수 있을 것이다. 그런데 바로 지금 이 순간 우리의 박 과장은 당신에게 이와 같은 질문을 또 던지고 있다.

"세상에 어떤 프로젝트가 존재하고 있는지에 대해서는 잘 들었어요. 그런데 말이죠. 그래서 프로젝트라는 게 도대체 뭐죠? 도통 모르겠습니다."

자, 그럼 박 과장을 위해서 그리고 당신을 위해서 지금부터 프로젝트란 무엇인지 확실히 알아보도록 하자.

우선 프로젝트는 독특하거나 유일한 목표를 가지고 있다. 그 목표를 달성하는 데 주어지는 시간은 언제나 제한적이며, 목표에 도달하려면 사람들이 서로 협력해야 하고, 효과적으로 계획을 수립하고 실행하는 일련의 활동이 요구된다.

영국의 프로젝트관리지침(PRINCE2, APMG, 2009)은 프로젝트를 아래와 같은 다섯 가지 특징을 들어 설명하고 있다.

첫째, 프로젝트는 개인이나 조직을 변화(change)시키는 데 유효하다는 것이다. 다시 말해서 프로젝트의 존재 목적은 개인이나 조직을 변화시킬 수 있는 구체적이고 명확한 목표를 수립·달성하는 것이다.

둘째, 프로젝트는 한시적(temporary)으로, 이는 일정이 제한되어있음을 의미한다. 프로젝트는 시작·완료 시점을 명확히 정해놓고 수행되며, 완료 시점에는 반드시 독특하거나 유일한 목표를 이뤄내야 한다는 시간적 압박을 태생적으로 받게 되어있다.

셋째, 다양한 배경의 사람들이 다기능적(cross-functional)으로 참여해서 목표를 달성하기 위해 서로 협력해야 한다.

넷째, 각각의 프로젝트는 독특(unique)하고 유일하다. 새로운 프로젝트는 참여자들에게는 처음 해보는 일이기 때문에 매번 새로운 일이나 상황을 만나게 되고, 그만큼 실패할 확률이 높을 수밖에 없다.

마지막은 프로젝트는 항상 불확실(uncertainty)하다는 점이다. 처음 해보는 일이기 때문에 어떻게 해야 제대로 하는 것인지 아무도 알지 못한다. 그래서 해야 할 일들은 시간이 지나면서 구체화된다.

아니나 다를까 이 시점에서 호기심 많은 우리의 박 과장은 또 당신에게 말을 건다.

"프로젝트라는 게 그런 거였군요. 참 오묘한 의미를 담고 있었네요. 우리가 일상생활에서 막연히 프로젝트라고 생각했던 것들을 다시 한 번 돌아보게 되네요. 가만! 어떤 프로젝트들은 엄밀한 의미에서 보면 프로젝트가 아닐 수도 있겠네요. 참 재미나요. 그런데 말이죠. 또 궁금한 게 있어요. 이렇게 많은 프로젝트들이 존재해왔고, 지금도 우리는 프로젝트의 홍수 속에서 살고 있잖아요. 또 이 프로젝트들은 모두 각각의 목표를 가지고 있고요. 그래서 어떤 경우에는 이 목표를 이뤄내느냐 못 이뤄내느냐에 따라서 개인과 조직의 운명이 바뀔 수도 있잖아요. 이렇게 중요한 프로젝트를 제대로 성공시키는 방법 같은 건 없을까요? 분명히 사람들이 연구했을 것 같아요. 그 방법대로만 한다면 프로젝트를 성공으로 이끌어서 개인이나 조직을 변화시킬 수 있을 텐데요. 당장 저는 내년에 차장 진급을 해야 하거든요. 그런데 차장 진급을 하려면 반드시 토익 800점 이상은 따야 한다네요. 그래서 영어학원도 등록했는데요. 그런데 요즘은 영 실력이 느는 것 같지도 않고 죽겠어요. 이러다 차장 진급 안 되면 어떻게 해요. 이것도 프로젝트 맞죠? 차장 진급 프로젝트, 그리고 토익 800점 획득 프로젝트잖아요. 이 프로젝트를 제대로 수행하는 방법 좀 가르쳐주세요. 제가 제대로 거하게 한잔 쏘겠습니다. 제발요!"

프로젝트 성공의 열쇠
— 프로젝트관리

요즘 북한의 연이은 핵실험으로 나라 안팎이 뒤숭숭하다. 핵실험은 핵무기를 만들기 위해 반드시 필요한 일련의 활동들로 구성되어있는데, 우리가 지금부터 알아보고자 하는 '프로젝트를 제대로 수행하는 방법'이 바로 이 핵무기 개발 프로젝트에서 탄생했다는 사실을 알면 놀라지 않을 수 없을 것이다.

제2차 세계대전은 1939년에 일어나 1945년에 종전되기까지 6년 동안 인류 역사상 가장 많은 인명 피해(전사자 2500만 명, 민간인 희생자 3000만 명)와 재산 피해를 남긴 가장 파괴적인 전쟁이다.

이 전쟁이 한창이던 1939년 어느 날, 물리학자 알베르트 아인슈타인은 미국의 프랭클린 루즈벨트 대통령에게 독일의 아돌프 히틀러가 원자폭탄 개발에서 상당한 성과를 거두고 있기 때문에 미국도 빠르게 조치를 취해야 한다고 건의했고, 이로써 '맨해튼 프로젝트'라 불리는 미국의 원자폭탄 개발 프로젝트가 그 서

막을 올리게 되었다.

　전쟁에서 2등이란 존재할 수 없다. 전쟁에서 2등이란 곧 패배와 죽음을 의미하기 때문이다. 이처럼 전쟁이라는 절체절명의 긴박한 상황하에서 이 프로젝트는 1942년 6월에 가서야 본격적으로 착수되었는데, 시간적으로 독일에 몇 년이나 뒤처진 불리한 여건에서 프로젝트가 시작된 것이다. 그러나 승리를 위해서는 이러한 불리한 조건을 반드시 극복하고 적보다 더 빨리 더 성능이 뛰어난 무기를 무조건 만들어내야 했다.

　이를 위해 미국은 동원할 수 있는 모든 것을 투입해야 했다. 가용한 모든 인적·물적 자원을 총동원했고, 프로젝트를 효율적으로 진행하기 위한 모든 과학적 수행 방법들을 고안해 적용했다. 이를 통해 수많은 난관을 극복하고 마침내 1945년 7월, 세계 최초로 원자폭탄을 개발했다.

　미국에서 개발한 원자폭탄은 독일이 원자폭탄 개발 이전에 패했기 때문에 일본의 심장부를 향하게 되었다. 그 어마어마한 파괴력 앞에서 망연자실한 일본은 무조건적인 항복을 택할 수밖에 없었다.

맨해튼 프로젝트의 상징

전후 냉전 체제에서 미국은 국방력을 증강시키기 위해 대규모 무기 체계 개발 프로젝트들에 대한 효율적인 수행방법론이 필요했다. 이를 위해 미국은 원자폭탄 개발 프로젝트를 통해 얻었던 경험과 지식, 수행 방법, 성공요인을 추출해 체계화했고, 이것이 현대적 의미에서의 프로젝트수행방법론을 탄생시켰다.

그리고 지금의 우리는 이러한 효율적인 프로젝트 수행방법론을 '프로젝트관리'라 부른다.

이로부터 반백 년 이상의 시간이 흐르는 동안 프로젝트관리는 실로 엄청난 발전을 거듭해왔다. 이처럼 프로젝트관리는 방위 산업 분야에서 탄생했으며, 이후 초창기에는 방위 산업, 우주 산업, 건설 산업 등 3개 분야에 한해 적용되었으나 지금은 제조업과 서비스업 전반을 아우르는 전체 산업계에서 사용되고 있다.

프로젝트관리의 역사를 시기별로 정리해보면 아래와 같다.

프로젝트관리 탄생기(1942~1960)

프로젝트관리는 위에서 살펴보았듯이 미국의 원자 폭탄 개발 프로젝트인 맨해튼 프로젝트를 통해 세상에 공식적으로 그 이름을 알리게 되었다.

제2차 세계대전 이후 동서의 냉전 체제하에서 미국은 소련과의 군비 경쟁에 국력을 집중하게 되었다. 이때 전략폭격기 개발, 대륙 간 탄도미사일(ICBM, Intercontinental Ballistic Missile) 개발, 잠수함 발사 탄도미사일(SLBM, Submarine Launched Ballistic Missile) 개발 등 대규모 무기 체계 개발 프로젝트들을 효율적으로 수행하기 위해 프로젝트관리 프로세스를 체계적으로 확립하게 되었고, 이를 바로 프로젝트 수행에 적용하였다.

이후 프로젝트관리 프로세스에 경영과학이 도입되었고, 프로젝트 일정관리 분야에서도 큰 발전이 있었다. 1958년에 미국 해군은 잠수함 발사 탄도미사일 개발 프로젝트인 폴라리스(Polaris) 프로젝트를 수행하면서 프로젝트 일정 계획 도구인 PERT(Program Evaluation and Review Technique)를 개발했고, 같

폴라리스 프로젝트

출처: By U.S. Navy (Public domain), via Wikimedia Commons

은 시기에 방산 기업이자 화학 기업인 미국의 듀퐁(Dupont)에서는 CPM(Critical Path Method)이라는 기법을 개발했는데, PERT와 CPM의 영향력이 얼마나 대단했던지 이후 20년 동안은 프로젝트관리가 무엇이냐고 물으면 누구나 천편일률적으로 "PERT와 CPM으로 프로젝트를 계획하고 실행하는 것"이라고 대답할 정도로 대표적인 프로젝트관리 기법이 되었다.

지금도 대개 그렇지만 냉전 체제하에서는 특히 대부분의 무기 체계 개발 프로젝트들에는 대규모 예산이 사용되었고, 불확실성 또한 매우 컸다. 이에 따라 프로젝트의 시작부터 완료까지 전체 과정을 책임지고, 프로젝트를 계획·수행·통제하면서 최종 결과물을 산출할 통합관리자가 필요하게 되었다. 그래서 탄생한 것이 바로 프로젝트관리자(PM, Project Manager)였다.

앞서 말했듯이, 이 시기의 프로젝트관리는 방위 산업, 우주 산업, 건설 산업 등 3개 분야에만 한정되어 활발하게 사용되었다.

프로젝트관리 발전기(1960~1990)

1960년 11월 미국 대통령으로 당선된 존 F. 케네디가 내세웠던 공약은 우주 탐사와 미사일 방어에서 소련에 대한 우위를 확보하겠다는 것이다. 1961년 4월 소련은 세계 최초로 유인 우주 비행에 성공했고, 이에 위기를 느낀 케네디 대통령은 그해 5월 미국 의회에서 아폴로 프로젝트를 선포했다.

아폴로 프로젝트는 인간을 달에 착륙시킨 후 무사히 지구로 귀환시키는 것을 목표로 하고 있었으며, 1969년 아폴로 11호에 의해 마침내 그 목표가 달성되었다.

이와 같이 1960년대에 들어오면서 대규모의 예산과 장기간의 일정을 필요로 하는 연구·개발 프로젝트들이 급속히 늘어났다. 이 대규모 프로젝트들은 복잡성과 불확실성 또한 아주 컸기 때문에 효율적인 수행을 위해 프로젝트 조직의 개념이 도입되었고, 그동안 산업별, 기업별, 프로젝트별로 제각각 개발해 사용되어왔던 프로젝트관리 방식들이 공식화·표준화되어 갔다.

아폴로 프로젝트

출처: By NASA, Alan L. Bean (Public domain), via Wikimedia Commons

1984년 미국 프로젝트 전문가 자격(PMP, Project Management Professional) 제도가 만들어졌고, 1989년 영국에서는 PRINCE라는 프로젝트관리지침이 발간되었다.

1986년 우주 왕복선 챌린저호 프로젝트 수행 중 발생한 챌린저호 폭발 사고로 리스크관리와 품질관리의 중요성이 크게 부각되었다.

1988년 캐나다의 캘거리 동계 올림픽 프로젝트는 프로젝트관리를 스포츠 이벤트에 적용한 첫 번째 사례였다.

한편 이 시기에는 개인용 컴퓨터(pc)가 발전해 프로젝트관리 전산화에 상당한 진전이 있었으며, 방위 산업과 우주 산업, 건설 산업 이외에 다른 분야의 산업들도 점차적으로 프로젝트관리를 도입하기 시작했다.

프로젝트관리 성숙기(1990~현재)

이 시기에는 미국과 영국을 중심으로 국제적인 프로젝트관리의 기준이 만들어져 확산되었고, 프로젝트관리에 대한 관심과 교육이 전 세계적으로 고조되었다.

이에 미국의 프로젝트 전문가 자격인 PMP를 취득하는 사람들이 전 세계적으로 늘어났으며, 1996년에는 미국에서 프로젝트관리지침(PMBOK GUIDE, A Guide to the Project Management Body of Knowledge)이 발간되었다. 같은 해 영국에서는 프로젝트관리지침(PRINCE)을 개정해 PRINCE2(Projects IN Controlled Environments)를 발간했고, 마침내 2012년 9월 국제 표준 프로젝트관리지침으로서 ISO 21500을 제정해 공표했다.

프로젝트관리의 관심 영역은 기존의 일정관리, 비용관리, 품질관리를 넘어서 인적 자원관리, 이해관계자관리, 의사소통관리 등으로 그 폭이 보다 넓어지기 시작했다.

한편 프로젝트관리의 적용 분야는 제조업과 소프트웨어 산업을 포함해 전체 산업으로 확대되기에 이르렀다.

그러면 이번에는 프로젝트관리란 무엇인지를 자세히 알아보자.

프로젝트가 무에서 유를 창조해내는 일이듯이, 프

로젝트관리는 "창조적인 일을 하다 보면 흔히 빠질 수 있는 혼돈 속에서 질서를 찾아주는 일"이라고 보면 될 것이다. 또한 프로젝트는 세상을 변화시키는 주요한 수단이 되므로, 무엇인가를 변화시키거나 새로운 것을 만들어내는 일이 곧 프로젝트이고, 이를 보다 효율적으로 수행하도록 이끌어주는 것이 프로젝트관리이다.

더 다양한 프로젝트관리에 대한 정의는 아래의 관리지침과 같다.

– 프로젝트에 방법, 도구, 기술, 역량을 적용하는 것.

국제 표준 프로젝트관리지침(ISO 21500, 2012)

– 프로젝트의 요구 사항을 충족시키기 위해 프로젝트활동에 지식, 기량, 도구, 기법을 적용하는 것.

미국의 프로젝트관리지침(PMBOK 5판, PMI, 2013)

– 시간, 원가, 품질, 범위, 이익 및 리스크에 대한 기대성과 기준 내의 프로젝트 목표 달성을 위해 프로젝트의 모든 단계의 기획, 위임, 감시 및 통제 그

리고 참여자에 대한 동기부여 등을 수행하는 것.

영국의 프로젝트관리지침(PRINCE2, APMG, 2009)

- 제한된 일정(시간) 내에서 한정된 비용을 가지고
  주어진 기술적 요구 사항을 포함하는 품질 조건
  을 만족시키면서 사업(과제)에 특화된 목표를 달
  성하기 위해 수립된 관리요소들에 대해 회사의
  제반 자원들을 계획, 조정, 감독, 통제하는 행위.

한화시스템 사업관리규칙

프로젝트관리의 목적 세 가지는 아래와 같다.

- **일정** 목표 일정의 달성을 말하며, 주어진 시간
  안에 프로젝트를 완료하는 것.
- **비용** 비용의 통제를 말하며, 정해진 예산 내에
  서 프로젝트를 수행하는 것.
- **품질** 결과물의 완성도를 말하며, 고객이 원하는
  결과물을 완성하여 전달하는 것.

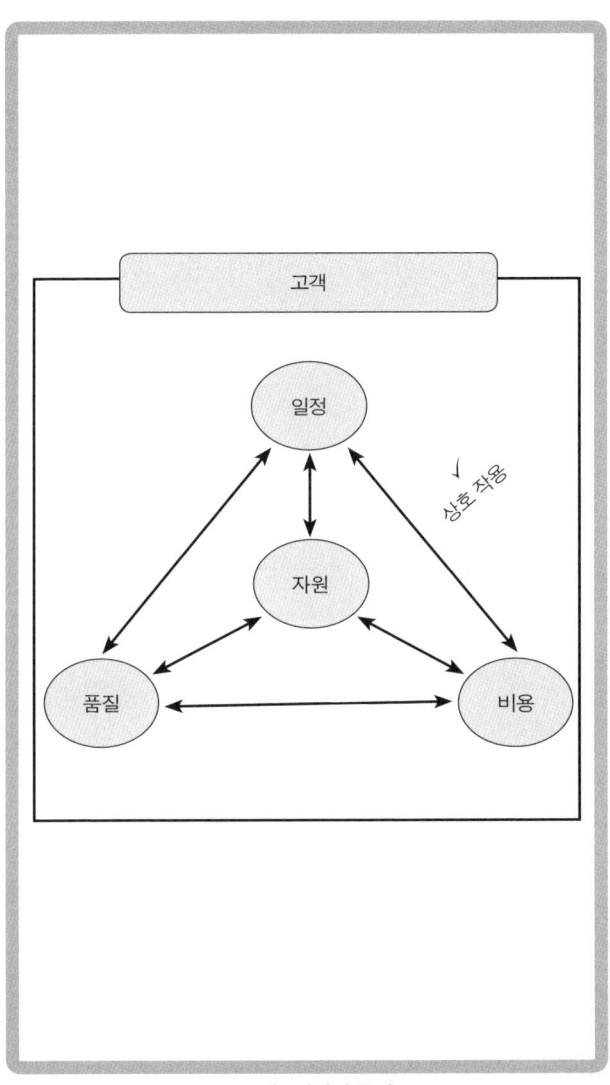

프로젝트관리의 목적

그 외 추가적인 목적은 아래와 같다.

- **고객만족** 결과물이 고객에게 받아들여지고 만족
을 주어야 함.
- **편익 달성** 프로젝트에서 의도했던 편익을 달성
해야 함.

프로젝트관리는 프로젝트 착수·계획·실행·감시와
통제·완료 및 평가 단계로 이어지는 일련의 프로젝트
관리 프로세스를 그 뼈대로 하고 있다.

프로젝트 착수 프로세스는 새로운 프로젝트를 정
의하고, 이를 공식적으로 시작하기 위한 프로세스를
말한다. 이 단계에서는 예비 프로젝트의 범위를 정의
하고 초기 단계의 재무적 자원 투입이 결정된다.

프로젝트 계획 프로세스는 프로젝트가 공식적으로
착수된 후 우선적으로 해야 할 일인 프로젝트관리를
위한 계획을 수립하는 것으로, 프로젝트업무의 전체
범위를 설정하고 목표를 정의하고 아울러 이 목표를
달성하기 위한 일련의 활동을 계획한다.

프로젝트 실행 프로세스는 프로젝트의 계획에 따라 프로젝트를 추진하면서 프로젝트의 진행상황을 파악하는 것이다. 프로젝트가 실행되면 일정의 변경, 자원의 사용 여부, 리스크 발생 등으로 인해 불가피하게 프로젝트 계획을 변경할 수도 있는데, 프로젝트 실행 프로세스는 이를 감안하여 추진된다.

프로젝트 감시·통제 프로세스는 프로젝트의 진행상황을 감시하고 측정하여 프로젝트가 현재 계획대로 진행되고 있는지, 아니면 변동 사항이 있는지를 파악하여 필요한 조치를 취할 수 있도록 해주는 프로세스를 말한다. 감시는 프로젝트의 성과정보를 수집해 그 성과를 측정하고, 성과 측정 결과와 추세를 평가하는 것이며, 통제는 프로젝트의 성과에 대해 필요한 시정조치나 예방조치를 취하는 것부터 프로젝트의 계획을 수정·보완하는 것까지 포함한다.

프로젝트 완료·평가 프로세스는 프로젝트를 공식적으로 완료하기 위해 프로젝트관리 프로세스의 관련 업무를 종료하고 그 결과를 평가하는 것이다.

이와 같은 프로젝트관리의 개념이 정립되기 이전

에 프로젝트 진행은 해당 분야에서 많은 경험을 쌓은 직원들의 감과 같은 주관적인 요소들에 의해 좌지우지될 수밖에 없었다. 그러나 프로젝트관리가 확립되어 기술의 전달이나 방법의 표준화가 가능해졌고, 이는 이전보다 높은 프로젝트 성과의 달성으로 이어지게 되었다.

현재는 미국과 영국을 중심으로 국제적인 프로젝트관리의 기준이 만들어져있고, 프로젝트관리에 대한 관심과 교육도 전 세계적으로 고조되어있다.

먼저, 사실상의 글로벌 표준으로 인정받는 미국 프로젝트관리지침(PMBOK GUIDE)을 살펴보자.

미국의 프로젝트관리 전문가 단체인 PMI(Project Management Institute)가 제공하는 프로젝트관리 표준을 우리는 PMBOK GUIDE라고 부른다. 1996년 초판을 선보인 이래 지금까지 526만 부 이상(2016년 5월 기준) 배포된 베스트셀러이며, 사실상 프로젝트관리의 세계 표준으로 인정받고 있다.

미국 PMI는 전 세계의 프로젝트관리 단체 중에

미국 프로젝트관리지침(*PMBOK GUIDE* 5판, 2013)

서 규모나 영향력이 가장 큰 단체다. 미국 PMI는 총 206개국 48만 명에 이르는 회원(2016년 5월 기준)을 보유하고 있으며, 프로젝트관리 전문가들의 대변인 역할을 담당하고, 연구센터를 운영하여 프로젝트관리 표준화 작업에 힘쓰면서 관련 지식과 정보를 제공함은 물론, 프로젝트관리 전문 자격의 제공을 통해 프로젝트관리자의 전문적인 커리어 발전과 네트워크·커뮤니티 기회를 제공하고 있다.

미국 프로젝트관리지침은 프로젝트관리가 수행되는 원리를 프로젝트관리 프로세스 그룹과 프로젝트관리 지식 영역을 통해 설명하고 있다.

프로젝트관리 프로세스 그룹은 아래와 같다.

- **착수 프로세스 그룹** 프로젝트나 프로젝트 단계를 정의한다.
- **기획 프로세스 그룹** 목표를 정의하고 수정·보완하며, 프로젝트가 수행해야 할 목표·범위를 달성하기 위해 필요한 행동지침을 계획한다.
- **실행 프로세스 그룹** 프로젝트에 소요되는 인력과

자원을 갖추고 프로젝트관리 계획을 수행한다.
- **감시 및 통제 프로세스 그룹** 프로젝트의 진행을 정기적으로 측정하고 감시하여 프로젝트관리 계획과의 차이를 식별함으로써 프로젝트의 목표 달성에 필요한 시정조치를 취할 수 있도록 한다.
- **종료 프로세스 그룹** 제품, 서비스 또는 결과물의 인수를 공식화하고, 프로젝트 또는 프로젝트 단계를 순서에 따라 종료시킨다.

아울러 프로젝트관리 지식 영역은 아래와 같다.

- **프로젝트 통합관리** 프로젝트를 종합(통합)적인 관점에서 착수, 계획, 실행, 통제, 종료하는 관리 프로세스이며, 프로젝트관리 지식 영역 간 상호 의존성을 관리하고, 상충되는 목표와 대안을 절충해 의사결정을 하도록 한다.
- **프로젝트 범위관리** 프로젝트에 포함시킬 사항과 제외시킬 사항을 정의하고 통제한다. 프로젝트의 산출물의 범위를 정의하고 통제하는 것을 관리

영역으로 한다.

- **프로젝트 일정관리** 프로젝트를 납기 내에 완료하기 위한 계획을 수립하고 일정을 통제한다.

- **프로젝트 원가관리** 프로젝트활동 수행에 필요한 원가를 산정하고, 프로젝트의 전체 예산을 확정하며, 승인된 예산 내에서 프로젝트를 완료하도록 통제한다.

- **프로젝트 품질관리** 고객의 요구를 만족시키는 제품과 서비스를 산출할 수 있도록 프로젝트의 품질 수준을 계획하고 통제한다.

- **프로젝트 인적 자원관리** 프로젝트 팀을 구성·관리하는 활동이다.

- **프로젝트 의사소통관리** 프로젝트정보의 계획, 수집, 배포, 저장, 검색, 관리, 통제, 감시 등을 적시에 수행한다.

- **프로젝트 리스크관리** 리스크의 관리 계획을 수립하고 리스크를 식별, 분석, 감시 및 통제, 대응하기 위한 활동이다.

- **프로젝트 조달관리** 프로젝트작업 수행에 필요한

제품, 서비스, 결과물을 외부로부터 구매하거나
획득하기 위해 필요한 활동이다.
- **프로젝트 이해관계자관리** 프로젝트 이해관계자
의 식별, 관리 계획 수립, 참여관리·통제를 위한
활동이다.

다음으로 알아볼 프로젝트관리 표준은 영국의 프
로젝트관리지침인 PRINCE2이다.

PRINCE2는 '통제된 환경에서의 프로젝트'라는 의
미를 담고 있으며, 국제적으로 인정받고 있는 영국의
프로젝트관리지침이다. 영국 정부가 1970년대에 개발
하여 실질적인 정부 표준으로 채택해 사용하고 있으
며, 1989년에 내용을 수정하면서 PRINCE라 명명하
였고, 1996년에 재수정을 통해 PRINCE2라는 명칭이
공식적으로 사용되기 시작했다. 그리고 2009년 최신
수정판이 발간되어 오늘에 이르고 있다.

PRINCE2는 현재 유럽 전역, 영연방 국가들, 중동,
동남아시아, 아프리카, 중남미 등에서 널리 사용되고
있다. 특히 국제기구인 UN에서는 PRINCE2를 공식

영국의 프로젝트관리지침(*PRINCE2*, 2009)

프로젝트관리방법론으로 채택해 세계적으로 수행되는 UN 프로젝트에 적용하고 있다.

　PRINCE2는 다음과 같은 네 가지의 기본적인 구조를 중심으로 내용이 구성되어있다.

　첫째, 프로젝트관리에서 지켜야 할 7개의 기본 원칙(Principles)을 제시하고 있다.

- 프로젝트를 계속할 사업적 정당성이 있는지 지속적으로 점검할 것(Continued business justification)
- 경험에서 배우고 활용할 것, 즉 Lessons learned의 활용 강조(Learn from experience)
- 역할과 책임을 명확히 정할 것(Defined roles and responsibilities)
- 프로젝트는 단계별로 진행하고 관리할 것(Manage by stages)
- 예외 관리의 원칙을 적용하여 관리할 것(Manage by exception)
- 결과물에 초점을 맞출 것(Focus on products)

- 프로젝트가 수행되는 환경에 맞추어 적용할 것
  (Tailor to suit the project environment)

둘째, 프로젝트관리를 위해 알아야 할 지식 분야를 의미하는 7개의 주제(Themes)를 제시하고 있다.

- **사업타당성**(Business case)　프로젝트를 시작하기 전에 사업타당성이 우선적으로 확인되어야 하며, 프로젝트 진행 중에도 이를 계속 검토해야 하고, 프로젝트 종료 후에는 기대했던 편익이 실현되었는지를 확인해야 한다.
- **조직**(Organization)　PRINCE2에서는 조직 구조가 4개의 계층으로 구성되어있는데, 이는 모기업의 경영층, 프로젝트관리팀의 3계층(프로젝트 위원회, 프로젝트 매니저, 팀 매니저) 등으로 구성된다. 이 가운데 프로젝트 위원회는 프로젝트에 대한 최종적 의사결정권을 갖고 있으며, 프로젝트 전반을 지휘한다.
- **품질**(Quality)　프로젝트에서 만들어지는 산출물

이 목적에 부합하도록 정의·관리하는 절차다.

- **계획**(Plans) 누가, 언제, 어디서, 어떻게, 어떤 산출물을 전달해야 하는지 정하는 활동이다.

- **리스크**(Risk) 리스크관리는 식별, 평가, 계획, 실행, 의사소통의 프로세스로 구성되어있다.

- **변경**(Change) 기준 계획(baseline plan)에 대한 변경을 식별, 평가, 통제하는 활동이다.

- **진도**(Progress) 프로젝트의 계획과 실제 성과를 비교하여 편차가 허용 범위를 벗어나는지 감시하고, 프로젝트의 목표에 미치는 영향을 평가·예측하는 활동이다.

셋째, 프로젝트관리를 수행하기 위해 따라야 할 7개의 프로세스를 설명하고 있다.

- **프로젝트 준비 프로세스**(Starting up a Project) 사전 준비 단계로서 프로젝트를 시작할 만한 타당한 이유와 목적이 존재하는가를 검증한다.

- **프로젝트 지휘 프로세스**(Directing a Project) 프로젝

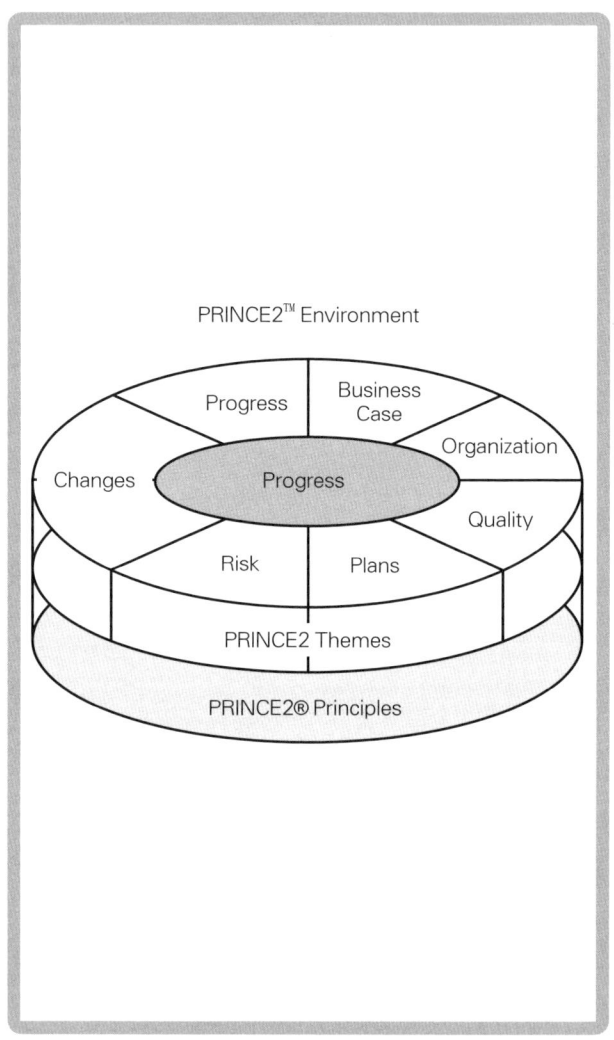

PRINCE2의 네 가지 기본 구조

출처: 영국의 프로젝트관리지침(PRINCE2, 2009)

트 위원회가 프로젝트의 성공을 위해 적절한 의
사결정과 전반적인 통제를 할 수 있도록 한다.

- **프로젝트 착수 프로세스**(Initiating a Project) 프로젝트에 실제로 자원을 투입하기 전에 최종적인 결과물을 산출하기 위해서 해야 할 일이 무엇인지 파악하고 준비한다.

- **단계 통제 프로세스**(Controlling a Stage) 일을 배정하고, 진행을 감독하며, 문제가 발생하면 프로젝트 위원회에 보고하고, 각 단계가 허용오차 내에서 진행되도록 통제한다.

- **산출물 인도관리 프로세스**(Managing Product Delivery) 프로젝트관리자(Project manager)와 실제 현장에서 작업을 하는 팀관리자(Team manager)의 관계를 관리하며, 일을 배정하고 실행하며 전달하는 과정에 대한 요구 사항도 정의한다.

- **단계 경계관리 프로세스**(Managing a Stage Boundary) 프로젝트위원회가 프로젝트관리자로부터 충분한 정보를 받아서 각 단계가 성공적으로 이루어졌는지 판단하고 다음 단계로 넘어갈 수 있

도록 관리한다.

- **프로젝트 종료 프로세스**(Closing a Project) 프로젝트
  의 최종 결과물의 인도를 확인하고, 프로젝트의
  목적이 달성되었는지를 점검한다.

마지막으로, 프로젝트관리 수행 시 적용해야 할 프
로젝트 환경(Project Environment)을 제시한다.

이제는 이렇듯 프로젝트관리능력에 대해서도 국제
인증을 받는 시대다. 그러니 세계 어디를 가도 프로젝
트관리 전문가로서 당당히 인정받을 수 있도록 프로
젝트관리 전문가 자격에 대해 알아보자.

세계적으로 인정받는 프로젝트관리 전문가 자격 역
시 미국과 영국을 중심으로 양분되어있다. 먼저, 전 세
계적으로 가장 강력한 영향력을 발휘하고 있는 자격
은 바로 미국 프로젝트관리 전문가 자격인 PMP이다.

앞서 말했듯이 미국 프로젝트관리 전문가 자격인
PMP는 미국의 프로젝트관리 전문가 단체인 PMI에서
인증하는 자격이다. 즉, PMI가 제공하는 프로젝트관

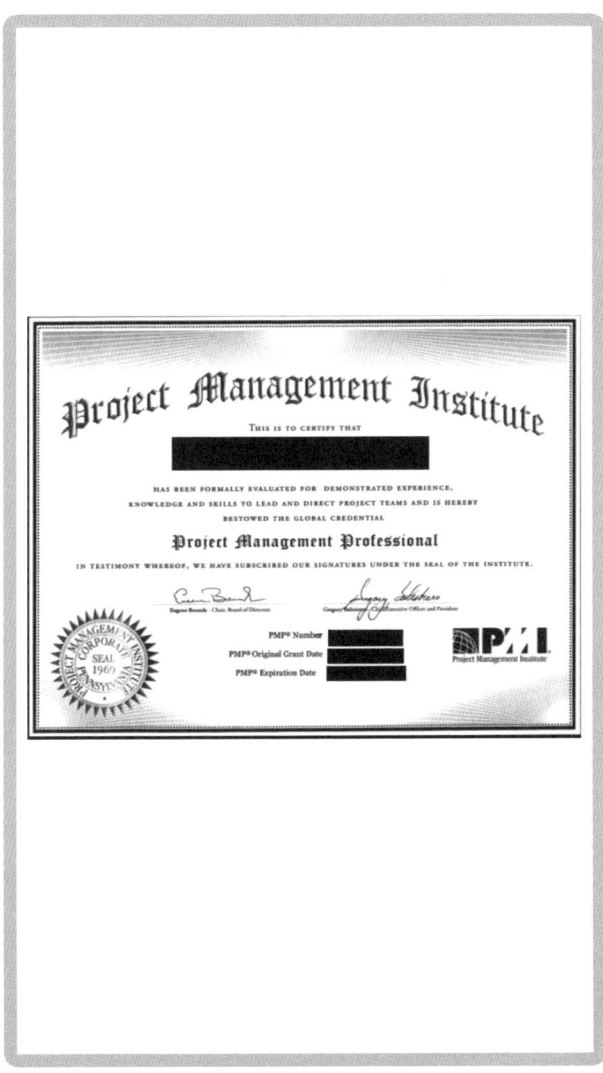

미국 프로젝트관리 전문가 자격(PMP)

리 표준이 PMBOK GUIDE인 것이고, 이러한 미국 프로젝트관리 표준의 전반적인 내용을 이해했다는 객관적인 증빙이 바로 PMP인 것이다.

PMP 시험은 1984년 미국 필라델피아 시에서 처음 시행된 이후로 현재 전 세계 206개국에서 72만여 명(2016년 5월 기준)의 자격보유자가 있을 만큼 프로젝트관리 분야의 전문성을 평가하는 세계 최고 권위의 자격으로 자리 잡았다.

특히 미국과 캐나다의 기업 가운데 대부분은 PMP 취득을 장려하고, ANSI(American National Standards Institute)가 공인한 PMBOK GUIDE를 회사의 기준으로 삼고 있다.

우리나라는 PMP를 1995년에 처음 도입했다. 초창기에는 건설과 엔지니어링 분야에서 PMP를 취득하는 사람들이 대다수였다. 그러나 현재는 자격 취득자 가운데 ICT 분야 종사자가 많아서 PMP를 마치 ICT 관련 자격증으로 인식하는 경향도 있다.

또한 PMP와 함께 프로젝트관리 전문가 자격의 세

계 양대 산맥 중 하나가 영국 프로젝트관리 전문가 자격(PRINCE2 Practitioner)이다. PRINCE2 자격은 현재 유럽 전역, 영연방 국가들, 중동, 동남아시아, 아프리카, 중남미 등에서 널리 인정받고 있으며, 전 세계적으로 180개국에서 약 150만 명이 PRINCE2 자격(Foundation 포함)을 보유하고 있다(2016년 3월 기준).

PRINCE2 자격은 2등급으로 나누어있는데, 초보 자격을 인증하는 PRINCE2 Foundation과 실무 전문가 자격을 인증하는 PRINCE2 Practitioner가 그것들이다.

지금까지 살펴본 미국과 영국 프로젝트관리 전문가 자격의 전 세계 지역별 선호도는 144페이지의 표와 같다.

우리나라에서 프로젝트관리 기법의 도입은 1960년대 후반으로 거슬러 올라간다. 전력 회사가 발전소 건설에 프로젝트관리 기법을 도입하면서 시작되었고, 이와 연관된 건설 산업계로 확산된 이후로 현재는 ICT 산업을 포함한 다양한 분야에서 프로젝트관리 기

영국 프로젝트관리 전문가 자격(PRINCE2 Practitioner)

법을 활용하고 있다.

우리나라의 프로젝트관리 전문단체의 계보를 살펴보면, 1991년에 한국 프로젝트관리 기술회(PROMAT)가 창립되었고, 2006년에 한국 프로젝트 경영협회(KPMA)로 명칭을 변경해 오늘에 이르고 있다. 2010년에는 학계 인사들과 산업계 실무자들이 참여해 한국 프로젝트 경영학회(KSPM)가 창립되었으며, 2012년에는 미국 프로젝트관리 지식을 연구하는 PMI 한국 챕터가 만들어졌고, 영국의 프로젝트관리 지식을 중심으로 글로벌 프로젝트관리최적방법론의 연구·개발·전파를 목적으로 하는 글로벌 PM 전문가 포럼이 2013년에 결성되었다. 그리고 가장 최근인 2016년 8월에는 피엠전문가협회가 출범해 프로젝트관리자(PM)의 정체성과 전문성을 회계사, 세무사, 재무분석사, 변리사 등과 같은 전문직종과 같은 수준으로 확립해나가겠다는 당찬 포부를 밝히고 있다.

그러나 우리나라에서 프로젝트관리가 적용되고 있는 현실을 보면, 선진국 수준에 도달하려면 아직도 많은 발전이 요구된다는 것을 알 수 있다.

지역/국가	제1 선호	제2 선호
영국	PRINCE2	–
미국	PMP	PRINCE2
아시아	PRINCE2/PMP	PRINCE2/PMP
아프리카	PRINCE2/PMP	PRINCE2/PMP
아메리카	PMP	PRINCE2
오세아니아	PRINCE2	PMP
유럽	PRINCE2	–
중동	PRINCE2/PMP	PRINCE2/PMP

PMP와 PRINCE2의 지역/국가별 선호도

겉으로 보기에는 국제적인 프로젝트관리 전문 자격을 획득하는 사람들이 점점 많아지고, 프로젝트관리가 각 산업 분야에 골고루 퍼져 제대로 활용되고 있는 것처럼 보이나, 실상을 보면 프로젝트관리는 단지 '좋은 이론'에 불과하다고 생각하는 경향이 강하다. 따라서 실제 프로젝트 수행이 프로젝트관리지침을 따르거나 그 수행 방법과 지식을 체계적으로 배우고 익힌 프로젝트 전문가에 의해서 관리되기보다는 임의로 또는 경험에 의해서 관리되는 것이 우리의 현주소인 것이다.

물론 뛰어난 감각이나 과거의 풍부한 경험을 바탕으로 프로젝트를 잘 수행할 수도 있지만, 늘 요행을 바랄 수는 없다. 이제는 우리의 경제 규모가 그처럼 요행을 바라는 수준을 훨씬 뛰어넘고 있기 때문이다. 결국 이러한 우리의 잘못된 관행이 누적되어 그렇게 우려해 마지않던 사달이 나기 시작하지 않았는가.

일정이 장기간 지연되거나 예산을 훌쩍 초과했음에도 기대했던 성과를 내지 못하는 대형 민간 프로젝트와 국책 프로젝트가 우후죽순처럼 생겨났다. 그뿐인가. 우리의 주력 수출 산업인 해외건설업이나 조선, 해양플랜트 산업에 최근 몇 년 동안 닥친 시련은 프로젝트관리의 난맥상을 여실히 보여주고 있다.

한때 우리나라 경제 발전의 돈줄 역할을 톡톡히 하며 중동을 비롯한 전 세계를 주름잡았던 해외건설업(엔지니어링 포함)은 최근 몇 년간 막대한 영업손실을 기록하며 우리 건설사들에 불가피한 구조 조정과 인력 축소의 시련을 안겨주었다.

과거 1970년대 우리의 해외건설업은 선진국 건설업체에서 도급한 단순시공만을 수행했다. 그때는 프로젝트관리역량이 미흡해도 큰 문제가 되지 않았다. 그러나 지금은 상황이 완전히 바뀌었다. 우리의 위치가 이제는 단순시공만을 허락하지 않는다. 이제 우리의 해외건설업은 설계·조달·시공을 총괄하여 수행하는 EPC[설계(Engineering), 조달(Procurement), 시공(Construction)] 방식으로 수행되고 있기 때문이다. 따라서 지금의 해외건설업에서는 프로젝트관리역량이 성공을 좌우한다.

그러나 우리의 프로젝트관리역량은 사상누각에 불

과했다. 여기에 더해 국내 업체들 사이의 과도한 경쟁으로 저가 수주가 심화되었고, EPC 방식 프로젝트 수행경험이 있는 인력이 절대적으로 부족했으며, 건설 프로젝트의 발주자가 지정한 선진국 PMC(Project Management Consultancy, 건설 프로젝트 전반에 대해 종합 관리업무를 수행) 업체의 철저한 프로젝트 감독·승인으로 인해 전혀 예상치 못했던 상황이 벌어지면서 일정이 지연되고 원가가 상승하게 된 것이다.

이렇게 바뀐 세상의 흐름을 등한시한 결과, 우리는 해외건설업에서 참담한 패배를 맛보게 되었다. 조선·해양 플랜트 산업에서도 똑같은 '흑역사(黑歷史)'가 반복되었다.

이러한 흑역사를 반면교사로 삼아 반전의 계기를 만들 키포인트는 어디에 있을까? 가장 중요한 반전의 키포인트는 바로 선진국 PMC 수준의 프로젝트관리 역량을 갖추는 것이다. 다시 말해서 적합한 프로젝트관리 시스템을 마련하는 것은 물론, 프로젝트관리를 제대로 경영현장에 적용하고, 프로젝트관리 전문가를 충분히 육성·확보해야 하는 것이다.

왜 프로젝트 방식을 경영에 활용하는가?

그렇다면 왜 현대의 기업들은 시간이 지날수록 프로젝트 방식(프로젝트와 프로젝트관리)을 경영활동에 도입하고, 그 사용을 확대해나갈까? 도대체 어떤 이점이 있길래 그 범위가 점차 확대일로에 있는 것일까? 지금부터 그 이유를 살펴보자.

기업들이 현재 마주하고 있는 경영 현실은 불확실성·복잡성·다양성이라는 말로 대변되는 변화무쌍한 환경에 처해있으며, 다른 한편으로는 글로벌화에 따른 국내외 기업들 간의 경쟁 또한 그 어느 때보다 심화되고 있다. 이러한 경영 환경에서 기업이 살아남기 위해서는 조직 운영의 효율성을 제고해야 하고, 경영의 신축성과 유연성도 확립해야 하며, 기술 혁신과 신제품 개발 요구에 신속히 대응해야 한다.

오늘날 세계적으로 제품과 서비스의 생산이 수요보다 많아짐에 따라 기업 간 경쟁이 치열해지고 있고, 고객들은 선택의 폭이 넓어짐에 따라 자신들의 취향에 맞는 상품을 찾고 있다. 아울러 제품의 수명주기 또한 과거보다 현격하게 짧아지고 있고, 제품이나 서비스의 기술적 복잡성 또한 날로 심화되고 있다. 이와 같은 상황에서 기업이 다양한 고객의 요구와 취향에 맞추기 위해서는 제품과 서비스의 생산에서 신축성과 유연성을 확보해야 한다. 이는 산업혁명 이후에 산업 현장에서 생산성을 높이기 위해 사용되어왔던 표준화와 분업화를 기반으로 한 대량생산과 반복생산이라는 운영방식이 현대의 기업 환경에는 더 이상 적합하지 않게 되었음을 말해주고 있는 것이다.

기업이 당면한 위와 같은 문제들에 대한 직접적인 해결책은 무엇인가? 바로 프로젝트 방식(프로젝트와 프로젝트관리)이다. 프로젝트 방식은 그 무엇도 예측하기 어려운 상황 가운데서 수행되는 것을 그 존재의 의미로 삼고 있기 때문이다. 이는 독특하거나 유일한 결과물을 창출하는 것을 목표로 하는 프로젝트의 기본적인 특성에 기인하는 것이다. 이렇게 예측 불가능한 상황에서 목표를 달성하기 위해 프로젝트는 불확실한 상황에서 대처가 용이하면서 매우 유연한 프로세스들을 실시간으로 운용하고 있는 것이다. 또한 프로젝트 방식은 고객의 특별한 요구에 맞추어 독특한 하나의 완성품을 만들어내는 데도 가장 적합한 생산 방식이기 때문에 신축성과 유연성을 요구하는 오늘날의 기업 환경에 적합하다.

이상과 같이 오늘날 프로젝트 방식이 경영활동에 활발히 적용되는 이유는 급변하는 경영 환경에 대처하는 데 아주 효과적이기 때문이다.

어떻게 전략을 구체적으로 실현할 것인가?

그동안 경영 전략에 관한 지식과 기법이 눈부신 발전을 거듭해왔고, 지금도 경영 전략은 기업들의 많은 관심을 한 몸에 받고 있다. 그럼에도 불구하고 오늘날의 많은 기업들은 자신들이 충실히 세웠던 전략목표를 달성하는 데 많은 어려움을 겪고 있는 것 또한 사실이다. 기업들은 이러한 현실이 믿기지 않았기 때문에 그 이유를 열심히 찾았다.

이러한 실패에 대한 분석과 대안 도출 과정에서 나

온 결론은, 전략의 실현 방법이 구체적이지 않았다는 점이었다. 그래서 기업들은 전략의 구체적 실현 방법을 찾는 데 관심을 기울이기 시작했다.

경영 전략상의 과제들을 살펴보면 한결같이 '한시적'이라는 속성을 띠고 있고, 무에서 유를 창조하는 독특하거나 유일한 것들이며, 처음에는 불확실하다가 시간이 지남에 따라 구체화되는 특성을 가지고 있다. 이것들은 우리가 어디서 많이 보아온 특성이 아닌가? 그렇다. 바로 프로젝트의 특성과 일맥상통한다. 따라서 기업들은 경영 전략의 구체적 실현 방법으로서 프로젝트 방식(프로젝트와 프로젝트관리)의 가능성을 타진하게 된 것이다.

한편 급변하는 경영 환경에서 프로젝트 방식으로 경영하는 것이 효과적이라는 것을 기업들은 몸소 확인하게 되었고, 이를 통해 큰 경영적 성과까지 거두게 되자 기업들은 한 걸음 더 나아가 자신들의 경영 전략을 달성하기 위한 주요 수단으로서 프로젝트 방식을 활용할 수 있지 않을까 생각하기에 이르렀다.

사실 그동안 기업들이 프로젝트 방식을 바라보는

시선은, 당면한 기업 경영활동상의 문제점들을 해결하기 위한 '유용한 임시수단' 정도에 머물러왔다. 따라서 기업들은 개별적인 문제가 발생할 때만 유용한 개별 대응수단으로서 프로젝트 방식을 애용해왔던 것이다. 그러나 이제 기업들은 프로젝트관리가 가지고 있는 더 강력한 힘에 주목하게 되었고, 프로젝트는 기업에 변화를 가져다줄 수 있는 강력한 수단이자 기업이 변화에 대비하기 위한 경영 전략의 유용한 실현 수단이라는 사실도 깨닫기 시작했다. 그래서 마침내 경영 전략이 효과적으로 수행되지 못한 원인들에 대한 해결 방안으로서 프로젝트 방식을 통한 경영 전략의 수행 방안이 제기된 것이다. 요컨대 프로젝트관리를 전략실행의 구체적 수단으로 사용할 수 있다는 사실을 깨닫게 된 것이다.

국제 표준 프로젝트관리지침(ISO 21500, 2012)은 기업들이 전략의 구체적 실현 수단으로서 프로젝트 방식을 활용하게 되는 원리를 다음과 같이 설명하고 있다.

"조직은 기본적으로 자신이 세운 전략을 통해 기회

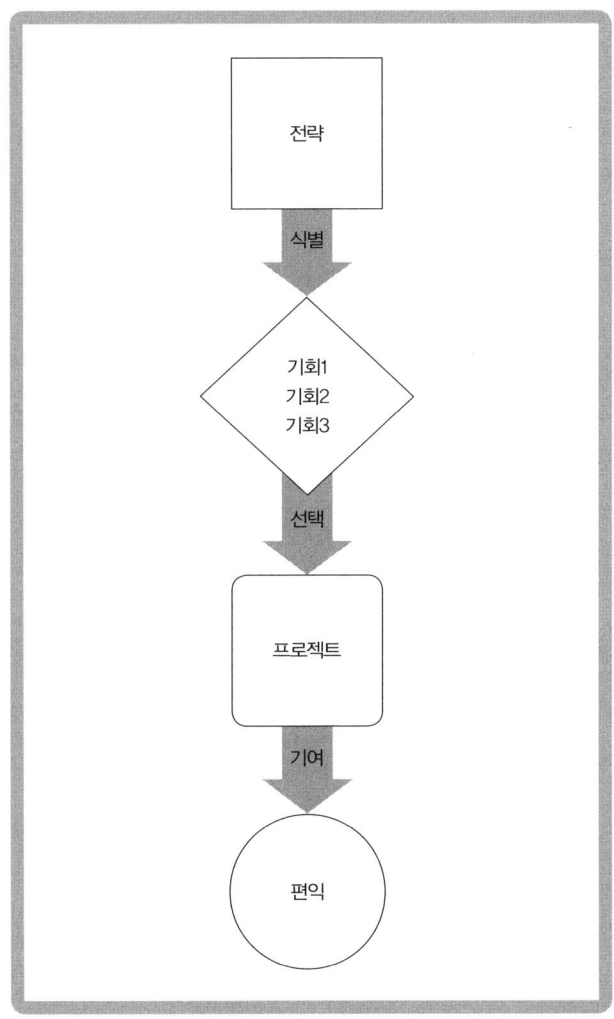

기업 전략과 프로젝트의 관계 흐름

출처: 국제 표준 프로젝트관리지침(ISO 21500, 2012)본 내용은 기술 표준원의 학술용역 사업 결과이다.

를 식별하고 스스로에게 발전의 지침을 제공하게 된다. 프로젝트는 이러한 전략을 달성하기 위해 식별된 기회들을 선택하여 실현하는 역할을 한다."

또한 영국의 프로젝트관리지침(PRINCE2, 2009)에는 "사업의 타당성을 지속적으로 검토하여 기업의 전략 목표를 달성하는 데 프로젝트가 실질적인 기여를 할 수 있어야 한다"고 나와있다. 단순히 프로젝트를 성공적으로 종료시키는 것보다는 기업의 전략적 목적에 맞는 프로젝트인가를 항상 검토해야 한다는 점을 강조하고 있는 것이다.

5장

프로젝트관리만으로 되는 것이 아니다

프로젝트의 성공 ≠ 전략의 성공

프로젝트 방식(프로젝트와 프로젝트관리)이 경영활동의 효과적인 문제 해결수단으로서 작동하고, 기업의 전략목표 달성에도 구체적인 실현 수단으로 자리매김하면서 프로젝트 방식이 기업 내에서 차지하는 비중 또한 덩달아 커졌다. 이에 따라 기업이 수행하는 프로젝트의 숫자가 크게 증가하였고, 프로젝트를 담당하는 인원과 프로젝트에 할당된 자원이 늘어나면서 프로젝트는 대형화·멀티화·복잡화의 길로 들어서게 되었다.

그런데 여기서 드는 궁금증이 하나 있는데, 프로젝트가 성공적으로 수행되기만 하면 기업의 경영 전략은 성공적으로 달성될 수 있는가 하는 점이다.

프로젝트가 경영 전략의 실현 수단으로 사용되기 시작하면서 기업은 점차 이상한 현상들을 발견했다. 분명히 경영 전략의 실현 방법으로 사용된 프로젝트들이 모두 성공적인 결과물을 얻었는데도, 경영 전략의 목표는 성공적으로 달성되지 못하는 사례가 나타났던 것이다. 기업들은 그 이유가 무척 궁금해지기 시작했다.

기업에서 수행하는 프로젝트의 숫자가 많아지고, 동시에 병행 추진되는 프로젝트의 비중이 높아지고, 프로젝트에 많은 자원이 투입될수록 기업 전략과의 연계성이 떨어지는 프로젝트가 많아진 것이다. 기업 전략이 목표로 하는 바와 큰 연관성이 없는 프로젝트를 성공적으로 완수하는 것이 기업 전략의 성공적인 달성과는 별 상관이 없어지는 것은 어찌 보면 당연한 결과였다.

그래서 이제 기업들은 기업 전략과 연계성이 떨어지는 프로젝트들을 효과적으로 정리하기 위한 노력들을 다음과 같이 기울이게 되었다.

숫자가 많아지는 프로젝트들로 인해 겪게 되는 경영 통제상의 어려움과 더불어 프로젝트관리를 하면서 늘어나게 된 프로젝트 자원, 즉 인적 자원과 예산을 어떻게 하면 효율적으로 배정할지 관심을 기울이게 된 것이다. 또한 기업은 기업 내에서 동시다발적으로 많은 프로젝트에 대한 착수 제안이 있게 되면, 어떤 프로젝트를 선정하는 것이 기업의 전략목표 달성에 기여할 수 있을지 고민하게 되었다. 또한 선정된 프로젝트가 처음에 의도한 기업의 전략목표 달성에 기여하고 있는지 지속적으로 검토·확인하는 데도 관심을 보이게 되었다.

늘어나는 프로젝트와 프로젝트 자원에 대한 효율적 관리와 지속적인 경영 전략과의 연계성 유지에 대해 기업들이 계속 관심을 기울인 결과, 새로운 프로젝트관리 개념이 탄생하게 되었다. 이 새로운 프로젝트 관리 개념은 복수의 프로젝트가 경영 전략과 연계되어 효율적으로 관리되는 것에 초점을 맞추고 있으므로 프로젝트관리의 확장판 성격을 띠게 되었다.

전략과 프로젝트 모두를 성공으로 이끄는 힘
─'프로젝트 포트폴리오관리' 이야기

늘어나는 프로젝트와 프로젝트 자원에 대한 효율적 관리와 지속적인 경영 전략과의 연계성 유지를 통해 경영 전략과 프로젝트 모두를 성공으로 이끌기 위한 새로운 관리 기법이 '프로젝트 포트폴리오관리'인 것이다. 전략, 프로젝트 포트폴리오관리 및 프로젝트 관리가 기업의 경영활동에서 갖는 의미를 정리해보면 159페이지의 도표와 같다.

조직의 비전(vision)은 조직의 미래 발전 방향을 설정하는 것을 말하며, 미션(mission)은 비전을 향해 나아가기 위해 당면한 환경에서 생존목표를 설정하는

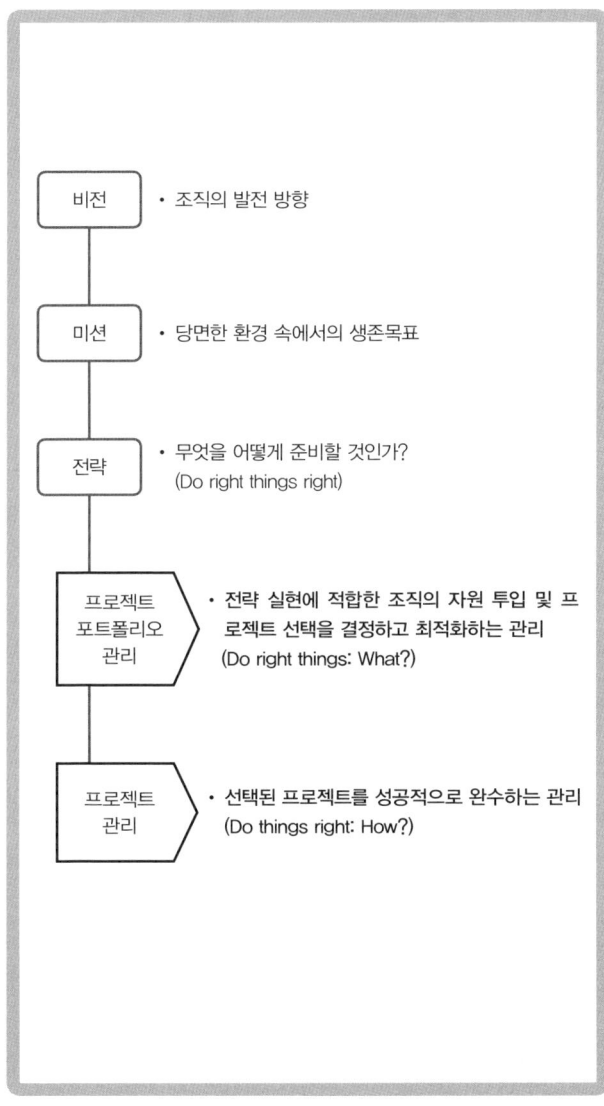

비전 • 조직의 발전 방향

미션 • 당면한 환경 속에서의 생존목표

전략 • 무엇을 어떻게 준비할 것인가?
(Do right things right)

프로젝트 포트폴리오 관리 • **전략 실현에 적합한 조직의 자원 투입 및 프로젝트 선택을 결정하고 최적화하는 관리**
(Do right things: What?)

프로젝트 관리 • **선택된 프로젝트를 성공적으로 완수하는 관리**
(Do things right: How?)

것이다. 전략은 미션을 달성하기 위해 무엇을 어떻게 준비할지 계획을 세우는 것을 말한다.

여기에서 프로젝트 포트폴리오관리는 기업 내에서 제기된 프로젝트와 전략을 연계시킬 수 있도록 다양한 프로젝트와 변화무쌍한 기업 전략을 효과적으로 평가·정렬하게 해주고, 전략을 현실화할 수 있도록 적합한 프로젝트를 선정하고 그에 맞게 자원을 투입하기 위해 프로젝트를 최적화하는 것이다. 즉, 프로젝트 포트폴리오관리는 전략을 성공으로 이끌 제대로 된 일을 고르는(Do right things) What에 중심을 두는 방법론이고, 프로젝트관리는 전략을 성공시키기 위해 선택된 일을 제대로 수행하는(Do things right) How에 초점을 맞춘 방법론인 것이다.

포트폴리오(portfolio)는 원래 '서류가방'이나 '자료수집철'이라는 뜻으로, 투자의 관점에서 보면 하나의 자산에만 투자하지 않고 주식, 채권, 부동산 등에 분산 투자하는 것을 기본으로 하는데, 이때 그 투자자산의 구성을 의미한다. 사업(제품) 포트폴리오 관점에서 보면 기업의 목표를 달성하기 위해 투자의 우선순위를 정하고 자원을 할당할 때 사업(제품) 포트폴리오가 그 중심에서 자리를 잡고 있다.

프로젝트관리와 마찬가지로 프로젝트 포트폴리오관리에 대해서도 미국과 영국을 중심으로 표준지침이 마련되어있다.

먼저, 미국의 프로젝트 포트폴리오관리지침(The Standard for Portfolio Management, 2013)은 프로젝트 포트폴리오를 "전략목표를 달성하기 위해 그룹으로 관리되는 프로그램, 프로젝트 및 오퍼레이션의 집단"이라고 정의하고 있고, 프로젝트 포트폴리오관리는 "기업의 전략목표를 달성하기 위해 프로젝트들의 식별, 우선순위 부여, 자원 재배치, 조정 등 관리·통제하는 것"이라고 정의하고 있다.

다음으로 영국의 프로젝트 포트폴리오관리지침(Management of Portfolio, 2011)에서는 프로젝트 포트폴리오를 "전략목표 달성을 위해 필요한 변화요인들에 대한 투자 전체"라고 정의하고 있고, 프로젝트 포트폴리오관리를 "조직의 변화요소(Organizational change)와 일상업무(Business as usual) 사이에서 가장

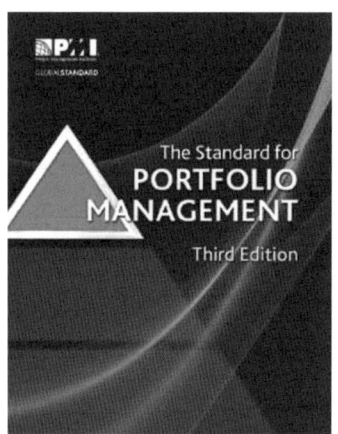

미국의 프로젝트 포트폴리오관리지침
(The Standard for Portfolio Management, 2013)

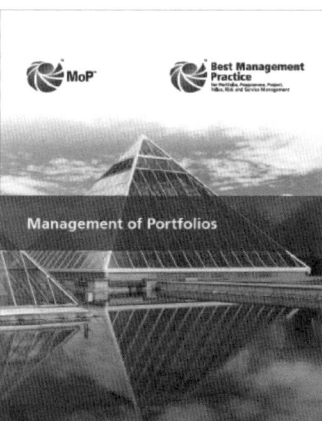

영국의 프로젝트 포트폴리오관리지침
(Management of Portfolio, 2011)

효율적인 균형을 이룰 수 있도록 하는 전략적인 프로세스와 의사결정의 조율된 컬렉션"이라고 정의하고 있다.

계속해서 다른 프로젝트 포트폴리오관리에 대한 정의를 살펴보면 아래와 같다.

프로젝트 포트폴리오관리는 신제품 개발 프로젝트 리스트들의 계속적인 조정·변경과 연결된 역동적인 의사결정 과정이다.

프로젝트 포트폴리오관리는 기업의 전략목표 달성을 위해 프로젝트의 기여를 극대화할 수 있는 관리 방식이고, 프로젝트 포트폴리오관리를 통해서 프로젝트는 기업의 전략과 목표에 연계될 수 있으며, 기업의 가치와 문화에 맞춰갈 수 있고, 기업에 흑자의 현금 흐름을 제공할 수 있으며, 기업의 자원들을 효율적으로 사용할 수 있고, 기업의 현재 발전에 이바지하는 것은 물론 미래의 성공을 위한 성공적인 기업 포지셔닝에도 큰 도움을 줄 수 있다.

프로젝트 포트폴리오관리의 주목적은 프로젝트를 선정하고 우선순위를 정하여 프로젝트의 균형을 유지하고, 이들을 경영 전략상에 정렬시키는 데 있다.

기업에서 많은 프로젝트를 수행하게 되어 프로젝트 자원의 비중이 높아지면 한정된 프로젝트 자원의 배분 우선순위를 정리해주고, 모든 프로젝트가 일관되게 기업의 전략을 따라갈 수 있도록 관리할 수 있어야 한다. 이때의 프로젝트 집합을 프로젝트 포트폴리오라 하고, 프로젝트 집합에 대해 기업 전략과의 연계, 식별, 우선순위 부여, 자원 재배치, 조정 등과 같이 관리·통제하는 프로세스를 프로젝트 포트폴리오관리라고 한다.

미국의 프로젝트 포트폴리오관리지침(The Stand-ard for Portfolio Management, 2013)은 프로젝트 포트폴리오관리와 기업의 비전, 미션, 전략 및 프로젝트관리와의 관계를 165페이지의 그림과 같이 표현하고 있다.

아울러 미국의 프로젝트 포트폴리오관리지침은 프로젝트 포트폴리오관리 프로세스들을 '정의 프로세스 그룹', '관리 프로세스 그룹', 그리고 '승인·통제 프로세스 그룹' 등 16개 프로세스로 구분하고, '지식 영역'은 '포트폴리오 전략관리', '포트폴리오 거버넌스관리', '포

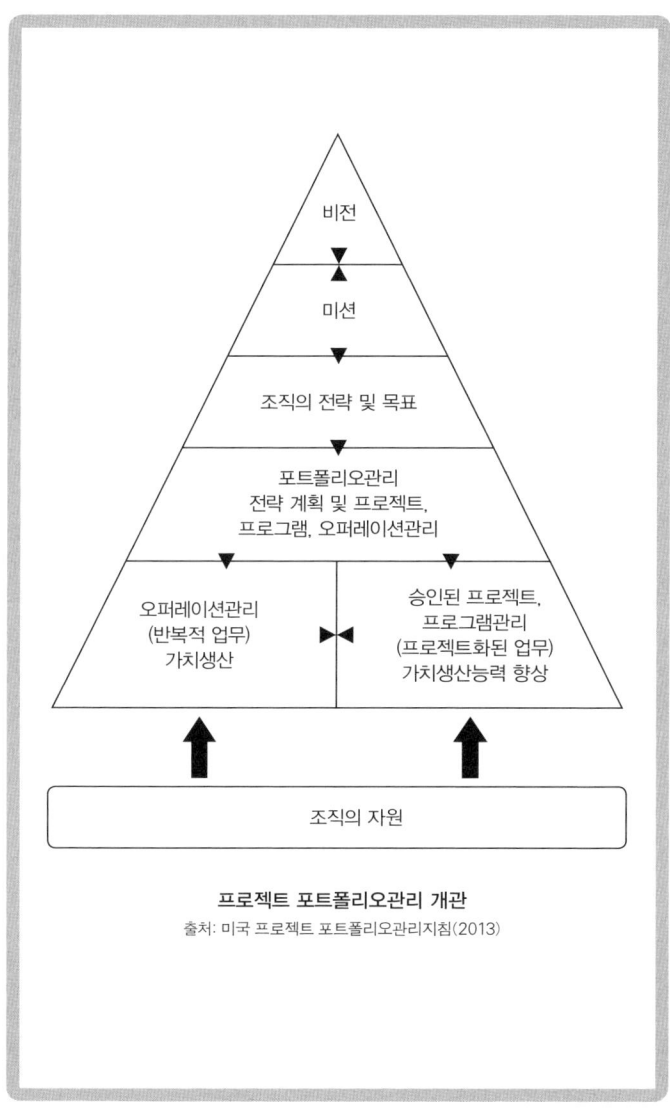

비전

미션

조직의 전략 및 목표

포트폴리오관리
전략 계획 및 프로젝트,
프로그램, 오퍼레이션관리

오퍼레이션관리
(반복적 업무)
가치생산

승인된 프로젝트,
프로그램관리
(프로젝트화된 업무)
가치생산능력 향상

조직의 자원

프로젝트 포트폴리오관리 개관

출처: 미국 프로젝트 포트폴리오관리지침(2013)

트폴리오 성과관리', '포트폴리오 의사소통관리', '포트
폴리오 리스크관리' 등의 5개 영역으로 구분하고 있다.
　　프로젝트 포트폴리오관리 프로세스 그룹별 상세
내용은 다음과 같다.

　　첫째, 정의 프로세스 그룹(defining process group)은
8개의 프로세스로 구성되는데, 그 각각은 기업의 전
략과 목표가 프로젝트 포트폴리오 내에서 어떻게 달
성될 수 있는지 계획을 세우는 프로세스, 프로젝트 포
트폴리오 구조·로드맵을 결정하는 프로세스, 프로젝
트 포트폴리오 또는 하위 프로젝트 포트폴리오를 정
의하고 승인하는 프로세스, 그리고 프로젝트 포트폴
리오관리 계획 및 관련 하부 계획을 수립하는 프로세
스다.
　　둘째, 관리 프로세스 그룹(aligning process group)은
6개의 프로세스로 구성되는데, 그 각각은 프로젝트
포트폴리오를 관리하고 최적화하는 프로세스들이며,
이 프로세스 그룹은 기업의 전략목표에 대한 가용한
정보를 제공해주고, 프로젝트 포트폴리오의 설정과

지식 영역	프로세스 그룹		
	정의 프로세스 그룹	관리 프로세스 그룹	승인·통제 프로세스 그룹
포트폴리오 전략관리	4.1 포트폴리오 전략 계획 작성 4.2 포트폴리오 차터 작성 4.3 포트폴리오 로드 맵 정의	4.4 전략 변경관리	
포트폴리오 거버넌스 관리	5.1 포트폴리오관리 계획 작성 5.2 포트폴리오 정의	5.3 포트폴리오 최적화	5.4 포트폴리오 승인 5.5 포트폴리오 통제
포트폴리오 성과관리	6.1 포트폴리오 성과관리 계획 작성	6.2 공급·수요관리 6.3 포트폴리오 가치 관리	
포트폴리오 의사소통 관리	7.1 포트폴리오 의사소통관리 계획 작성	7.2 포트폴리오정보 관리	
포트폴리오 리스크관리	8.1 포트폴리오 리스크 관리 계획 작성	8.2 포트폴리오 리스크관리	

프로젝트 포트폴리오 프로세스 그룹 및 지식 영역

출처: 미국 프로젝트 포트폴리오관리지침(2013)

프로젝트 포트폴리오 구성요소(프로젝트, 프로그램, 오퍼
레이션)의 평가 기준을 제시해준다. 또한 이 프로세스
그룹은 기업 전략에 프로젝트 포트폴리오 구성요소들
을 연계시키는 데 있어 구조화된 방법론을 수립하는
데 도움을 준다.

셋째, 승인·통제 프로세스 그룹(authorizing and
controlling process group)은 2개의 프로세스로 구성되
는데, 프로젝트 포트폴리오에 대한 승인 방법을 결정
하는 프로세스와 현재의 프로젝트 포트폴리오에 대한
검토를 수행하는 프로세스가 그것들이다. 이 프로세
스 그룹은 모든 프로젝트 포트폴리오관리 프로세스들
의 중심에 위치하면서 프로젝트 포트폴리오가 기업이
설정한 측정지표들을 만족시키고 있는가를 계속 확인
하는 역할을 수행한다.

아울러 프로젝트 포트폴리오 지식 영역(knowledge
area)별 상세 내용은 아래와 같다.

첫째, 포트폴리오 전략관리(portfolio strategic management) 영역은 포트폴리오 차터·로드맵을 수립하는 프로세스를 비롯한 포트폴리오 전략 계획, 포트폴리오 차터, 포트폴리오 로드맵이 기업의 전략과 목표에 연계된 정도를 평가하고 관리하는 프로세스를 포함하고 있다. 포트폴리오 전략관리는 기업 전략이나 프로젝트 포트폴리오 구성요소 안에서 일어나고 있는 변화를 관리하고 모니터링하면서 대응하여 적절한 조치를 취할 수 있도록 하는 데 그 목적이 있다.

둘째, 포트폴리오 거버넌스관리(portfolio governance management) 영역은 프로젝트 포트폴리오 검토와 프로젝트 포트폴리오 정의, 최적화 및 승인 계획을 세우는 방법을 포함하고 있다. 이 지식 영역은 기회요인 및 위협요인을 식별하고 변화, 의존성, 영향성을 평가하며, 프로젝트를 선정하고 우선순위를 부여하며, 자금 투자 일정을 정하고 프로젝트 포트폴리오 성과목표를 달성하기 위해 투자 분석의 유효성을 확인해주는 역할을 한다.

셋째, 포트폴리오 성과관리(portfolio performance management)는 기업의 전략목표의 달성도를 기준으로 프로젝트 포트폴리오의 가치에 대한 체계적인 계획, 측정, 모니터링을 실시하는 것을 말한다. 성과관리 프로세스는 재무, 자산, 인력과 같은 핵심 자원들의 수급을 관리하며, 이러한 활동을 통한 최적의 이익 제공을 목표로 한다.

넷째, 포트폴리오 의사소통관리(portfolio communi-cation management) 영역은 포트폴리오 의사소통관리 계획을 수립하고, 포트폴리오정보를 관리하는 프로세스를 포함하고 있다.

다섯째, 포트폴리오 리스크관리(portfolio risk mana-gement) 영역인데, 프로젝트 포트폴리오 리스크는 불확실한 상황을 말하는 것으로서, 만약 발생하게 되면 하나 또는 그 이상의 프로젝트의 목표에 긍정적·부정적 영향을 미칠 수 있는 것을 말한다. 하나의 리스크는 하나 또는 그 이상의 원인을 가질 수 있으며, 만약 발생하게 되면 하나 또는 그 이상의 프로젝트 포트폴리오 성공요인들에 긍정적·부정적 영향을 미칠 수 있다. 포트폴리오 리스크관리는 리스크 계획·평가·대응의 프로세스로 구성되어있다.

이러한 프로세스 그룹과 지식 영역을 바탕으로 프로젝트 포트폴리오관리 실행 프로세스를 다음과 같이 크게 8단계로 나누어볼 수 있다.

첫째, 식별 프로세스는 전략목표를 이행하기 위해 프로젝트들을 정의하는 것이다. 이는 진행 중인 프로젝트들에 대해 최신 목록을 생성하거나 새로운 후보 프로젝트 목록을 만들어낸다.

둘째, 범주화 프로세스는 식별된 프로젝트들을 전략적 카테고리로 그룹화하는 것이다. 같은 전략적 카테고리에 속해 있는 프로젝트들은 공동의 목표를 가지며 동일한 기준으로 측정된다.

셋째, 평가 프로세스는 다음 단계인 선정 프로세스의 수행을 위해 프로젝트들을 평가하고 비교하는 것을 주목적으로 한다.

넷째, 선정 프로세스는 프로젝트의 실행 우선순위 선정을 위한 목록 작성이 중심이 되는 프로세스다.

다섯째, 우선순위화 프로세스는 선정 프로세스에서 작성된 목록에 포함된 프로젝트들을 대상으로 전략적 카테고리, 투자 기간, 리스크 대비 이익, 조직 등의 기준으로 우선순위를 정하는 프로세스다.

여섯째, 균형 프로세스는 최상의 프로젝트 포트폴리오 믹스를 구성하고자 하는 활동이며, 이 단계에서 프로젝트 포트폴리오가 최종적으로 확정된다. 여기까지 프로세스들을 프로젝트의 선택과 집중을 위한 프로젝트 식별역량으로 묶어볼 수 있다.

일곱째, 승인 프로세스는 프로젝트 포트폴리오의 확정 결과를 이해관계자들에게 공식적으로 통보하는 활동 및 채택된 프로젝트 포트폴리오를 실행하거나 이를 위한 예산, 인력, 자원을 할당하는 활동이다. 이 단계의 프로세스는 프로젝트 자원의 효율적 배치를 위한 자원 배치역량으로 분류할 수 있다.

여덟째, 검토·보고 및 전략 변경 프로세스다. 기존 프로젝트 포트폴리오의 효율성 검토 및 기업 전략 변경으로 인한 자원·프로젝트 재조정을 수행하여 프로젝트와 자원 배분의 최적화를 꾀하는 프로세스다. 이 단계의 프로세스는 프로젝트·자원의 조정역량으로 평가할 수 있다.

영국의 프로젝트 포트폴리오관리지침(Manage-
ment of Portfolio, 2011)에서 프로젝트 포트폴리오관리
프로세스는 포트폴리오의 정의(definition) 사이클과
포트폴리오의 실행(delivery) 사이클로 구성되어있다.

먼저, 포트폴리오의 정의 사이클은 총 5개의 프로
세스로 구성되어있다.

첫째, 식별(understand) 프로세스다. 이 프로세스
에서는 조직의 전략목표가 무엇인지와 조직의 목적
에 부합하는 변화를 고려하면서 필요한 변화요소들
(change initiatives)을 식별하게 된다.

둘째, 범주화(categorize) 프로세스다. 이 프로세스
는 전략목표를 기반으로 삼아서 변화요소들을 그룹
(group), 세그먼트(segment) 또는 하위 포트폴리오
(sub-portfolio)로 범주화하는 활동이다. 이는 변화요
소들을 평가하고 우선순위를 정하기 위한 투자 기준
(investment criteria)을 세우는 데 그 목적이 있다.

셋째, 우선순위화(prioritize) 프로세스다. 포트폴리
오 내의 변화요소들에 순위를 매기는 활동이다.

넷째, 균형(balance) 프로세스다. 위 프로세스들을 통해 도출된 포트폴리오들에 대해 시점, 전략목표의 내용, 리스크, 가용 자원 등의 균형을 잡아주는 활동이다.

다섯째, 계획(plan) 프로세스다. 위 프로세스들을 통해 얻어진 정보들을 활용해 포트폴리오 전략 및 포트폴리오 실행 계획을 세우는 활동이다.

포트폴리오 실행(definition) 사이클은 총 7개의 프로세스로 나누어진다.

첫째, 관리·통제(management control) 프로세스다. 포트폴리오의 진행 사항을 기준선(baseline) 대비 정기적으로 모니터링하는 활동이다.

둘째, 편익관리(benefits management) 프로세스다. 포트폴리오를 통해서 실현되고 있는 편익을 명확하게 식별하고 관리하며, 가용 자원을 가장 효율적으로 사용하고, 전략목표 달성에 대한 기여를 극대화하는 것이 이 프로세스의 목적이다.

셋째, 재무적 관리(financial management) 프로세스다. 포트폴리오관리 프로세스 및 의사결정이 조직의 재무적 관리 체계와 연계되도록 하는 것이 그 목적이다.

넷째, 리스크관리(risk management) 프로세스다. 포트폴리오가 노출되어있는 리스크들에 대한 지속적이고 효과적인 관리를 가능케 해주는 활동이며, 변화요소들의 성공적인 실행에 핵심 요인이 된다.

다섯째, 이해관계자 참여(stakeholder engagement) 프로세스다. 포트폴리오의 이해관계자들을 효과적으로 참여시키고 그들과 의사소통하기 위한 활동인 것이다. 즉, 포트폴리오 내외부의 이해관계자들의 필요를 식별하고 적절히 관리하기 위한 프로세스다.

여섯째, 조직 거버넌스(organizational governance) 프로세스다. 조직 거버넌스 구조와 포트폴리오관리 거버넌스는 항상 연계되어야 효율적인 프로젝트 포트폴리오관리를 보장할 수 있으므로, 이를 지속적으로 유지하기 위한 활동인 것이다.

일곱째, 자원관리(resource management) 프로세스

다. 효율적 프로젝트 포트폴리오관리를 이루기 위해서 가용 자원과 필요 자원의 양을 정확히 이해하고 관리하는 메커니즘이 뒷받침되어야 한다.

PMP(PRINCE2 Practitioner) 자격증이 프로젝트관리의 전문성을 인증하는 것과 마찬가지로, 프로젝트 포트폴리오관리에 대한 전문적인 능력을 인증하는 자격증도 존재한다.

미국의 프로젝트 포트폴리오관리 전문가 자격(PfMP, Portfolio Management Professional)이 대표적이다. 전 세계적으로도 PfMP를 보유한 사람이 330명(2016년 5월 기준)에 불과할 정도로 희소성이 아주 큰 자격증이기도 하다(2016년 5월 현재, 우리나라에서는 총 2명이 이 자격을 보유하고 있으며, 필자는 대한민국 1호로 취득했다). PfMP를 보유한 사람은 프로젝트관리의 세계에서는 마스터의 위치를 인정받는 등, PfMP는 프로젝트관리 자격증 중에서는 최고 수준으로 평가받고 있다.

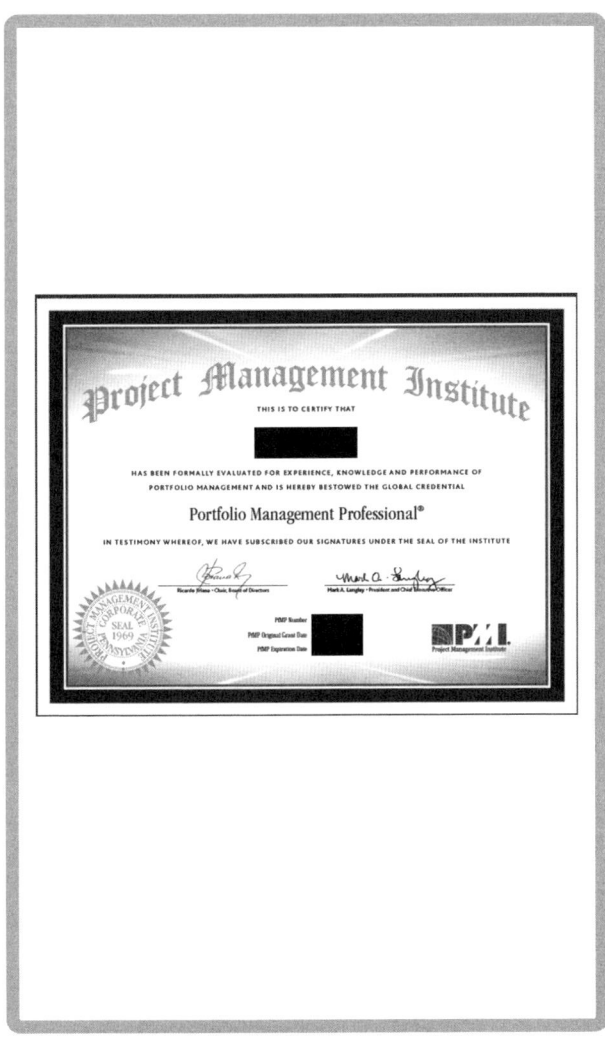

미국의 프로젝트 포트폴리오관리 전문가 자격
(PfMP, Portfolio Management Professional)

누가 창조와 혁신의 아이콘인가?

이제는 아련한 추억 속 이름이 된 휴대전화의 최강자 노키아를 한번 소환해보고자 한다.

노키아는 휴대전화 업계 부동의 1위로 세계를 호령했던 회사다. 노키아는 한때 어느 경쟁사보다 더 다양한 모델과 싸고 튼튼하며 성능 또한 가장 뛰어난 휴대전화를 만들었다. 휴대전화를 만드는 역량은 누가 뭐래도 단연 세계 최강이었던 것이다. 그랬던 노키아가 스마트폰으로 전환되는 시장 환경에 대응하지 못한 채 한순간에 무너지고 말았다.

이와는 상반되는 회사가 있다. 그들은 뛰어난 디자인 역량을 바탕으로 한 마니아용 개인 PC의 최강자다. 당연히 휴대전화와는 아무 연관도 없던 회사였다. 바로 애플이다. 그들의 비장의 무기는 시장 변화의 흐름을 잘 파악할 줄 아는 민감한 촉수였다. 그들은 소비자의 변화하는 니즈를 읽었고, 이를 바탕으로 시장의 지형도를 그들 자신이 통째로 과감히 바꾸고자 했다. 이를 위해 그들은 자신이 현재 가지고 있는 자원을 분석한 후 더 필요한 자원을 확보·개발·통합·재구성했다. 다시 말해서 시장 환경의 변화를 감지하여 기회를 포착했고, 이를 수행하기 위해 필요한 자원을 분석한 후, 필요한 외부 자원은 사들이거나 제휴·협력을 통해 확보했고, 필요한 내부 자원은 육성하거나 재배치하는 데 탁월한 역량을 발휘했던 것이다.

이를 통해서 휴대전화와는 전혀 상관없었던 이 애플이 어느 날 갑자기 휴대전화 업계의 패러다임을 완전히 뒤흔들어놓게 되었다. 노키아를 몰락시키고, 애플을 최강자의 자리에 앉게 했던 그 힘은 과연 무엇이었을까? 노키아에는 없었고, 애플에는 있었던 그 힘을 우리는 '동적 역량'이라 부른다.

스모는 우리의 씨름에 해당하는 일본 고유의 전통적인 격투기 스포츠다. 하와이 출신으로 일본에 귀화해 일본 제64대 요코즈나(스모 챔피언)의 자리에까지 올랐던 '아케보노 타로'를 기억하는가? 그는 스모 선수답게 신장 203센티미터, 체중 220킬로그램의 거대한 체격을 가지고 있었다. 스모 선수로서의 이 거대한 덩치는 '아케보노 타로'에게 핵심 역량으로 작용했고, 이러한 핵심 역량이 결국 그에게 스모 챔피언 타이틀까지도 안겨줄 수 있었다.

하지만 스모라는 분야에서 천상천하 유아독존이었던 그가 K-1이라는 이종격투기 시장으로 옮겨갔을 때 모든 상황은 180도 뒤바뀌고 말았다. 이제 그는 승리와는 거의 인연이 없는 그야말로 동네북 신세로 전락하고 만 것이다. 당시 그는 우리의 최홍만 선수와 3차례 대결을 펼쳐서 철저하게 망가지는 모습을 보여줌으로써 우리를 즐겁게 해주기도 했는데, 우리 국민은 씨름의 천하장사가 스모의 요코즈나를 이겼다는 사실만으로도 크게 흥분했었다.

아케보노가 처참하게 짓밟혔던 이유는 스모 시장에서 절대적 핵심 역량이었던 거대한 덩치가 K-1 시장에서는 패배의 필연적인 공식과도 같은 핵심 경직성으로 작용했기 때문이다. 스모 시장에서 K-1 시장으로 외부 환경이 변했는데, 똑같은 역량으로 대처하려 했던 전략의 철저한 실패였던 것이다. 이와 같이 외부 환경 변화에 따라 개인이나 조직이 가지고 있던 핵심 역량이 핵심 경직성으로 급변하는 상황은 얼마

든지 발생할 수 있다.

이러한 상황에 대처하여 개인이나 조직이 지속적인 경쟁우위를 유지할 수 있도록 하는 힘이 무엇일까? 그것이 바로 '동적 역량'이다. 이 개념을 세상에 처음으로 내놓은 미국 UC 버클리 하스 경영대학원의 데이비드 J. 티스(David J. Teece) 교수는 동적 역량을 "빠르게 변화하는 기업 환경에 대응하기 위해 기업 내외부의 자원과 역량을 통합·구축·재배치하는 기업의 역량"이라고 정의했다.

즉, 동적 역량의 핵심 개념은 다음과 같다.

첫째, 빠르게 변화하는 기업 환경에 대응하는 능력.
둘째, 내외부의 자원과 역량을 창조·혁신·재배치하는 능력.

그렇다면 이제는 동적 역량을 구체적으로 실현하는 수단을 찾아내어 사용할 수 있도록 하는 것이 키포인트가 될 것이다. 그렇다면 과연 동적 역량의 구체적 실현 수단으로 무엇이 적합할까?

데이비드 J. 티스 교수

출처: By David Payne (Berkeley Research Group) (CC BY-SA 3.0 (http://creativecommons.org/licenses/by-sa/3.0)), via Wikimedia Commons

우리는 앞서 프로젝트 포트폴리오관리의 기본 개념에 대해 살펴보았다. 프로젝트 포트폴리오관리는 급변하는 시장 환경에 대응하기 위해 기업 전략과 프로젝트 사이에서 프로젝트가 기업 전략과 연계성을 지속적으로 갖도록 하고, 기업의 프로젝트 자원이 전략과 연계된 프로젝트를 수행하는 데 적합하도록 프로젝트 자원을 창조·혁신·재배치하는 것이라고 설명했다.

이와 같이 동적 역량과 프로젝트 포트폴리오관리는 그 수행 개념이 일맥상통하고 있는 것이다. 따라서 우리는 동적 역량의 구체적 실현 수단으로 프로젝트 포트폴리오관리가 단연 적격임을 다시금 확인할 수 있다.

지금까지 우리는 선진국 추격자(Fast follower)로서 살아왔다. 한국전쟁이 남긴 잿더미 위에서 우리는 늘 앞서간 선진국들을 더 빨리 따라잡는 것에 모든 역량을 집중시켜왔다. 따라서 우리에게는 늘 따라잡아야 할 목표와 대상이 분명했다. 그래서 늘 '어떻게'가 화두였다. 어떻게 하면 쉽고 빠르고 효율적으로 선진국을 따라잡을 수 있을지에만 관심을 두었다. 선진국이 이미 설정해놓은 방향에 대해 최대한 적게 투자해 가장 효율적으로 따라잡아서 기존 시장을 비집고 들어가 우리의 몫을 확보하는 것이 바로 지금까지 우리가 따라왔던 생존방정식이었다.

우리는 이러한 방식에 매우 능숙했다. 결국 이제 어느 분야는 선진국을 거의 다 따라잡았을 뿐만 아니라 아예 그들을 넘어선 분야도 있다. 그런데 문제는 여기에서부터 발생한다. 지금까지 우리는 '무엇을 해야 할지'에 대해선 고민해보지 않았다. 방향과 대상을 설정하는 것은 언제나 우리를 앞서간 나라의 몫이었다. 우리는 그냥 뒤돌아보지 않고 열심히 그들을 따라가기만 하면 그만이었다. 그런데 이제는 더 이상 우리 앞에 있는 존재가 많지 않다. 특정 분야에서는 우리가 가장 앞에 있기도 하다. 그야말로 우리는 너무나 당황스러운 상황을 맞이한 것이다.

한 번도 앞장서서 달려본 적이 없으니 어디로 가야 할지 알 리가 없다. 무엇을 목표로 설정해야 바람직한지도 제대로 알지 못한다. 목표를 제대로 설정했다는 믿음이 있어야 옛날에 그랬던 것처럼 그 목표를 향해 매진할 텐데, 그렇지 못한 것이 엄연한 현실인 것이다. 상황이 이렇다 보니 우리의 성장세는 점점 둔화되어가고, 경쟁력도 점점 뒷걸음질치고 있다. 과연 우리를 구원해줄 이는 없을까? 이렇게 우리는 침몰하고 마는 것인가? 우리는 지금 이 답답한 현실로부터 우리를 끌어내 맺힌 가슴을 뻥 뚫어줄 그 무언가를 오매불망 바라고 있다.

이쯤에서 우리는 우리를 이러한 답답한 현실에서 구원해줄 그 무언가로 프로젝트 포트폴리오관리를 과감히 천거할 수 있다. 우리는 이제 막 미래 선도자(First mover) 시대로 진입하고자 한다. 이제는 우리가 무엇을 해야 할지, 어떤 목표를 향해 매진해야 할지 올바른 결정을 내려야 하는 시대인 것이다. 이제는 '무엇을 해야 할지를 제대로 정할 줄 아는 능력'이 국가와 기업의 명운을 좌우한다.

"무엇을 해야 할지를 제대로 정할 줄 안다"는 것은 우리의 비전, 미션, 전략을 제대로 설정했고, 그에 따라 우리가 가진 자원과 역량을 제대로 파악하고 있으며, 이를 바탕으로 전략을 제대로 실행할 수 있다는 뜻이다. 전략의 실행에는 프로젝트관리가 있고, 전략과 프로젝트의 동시 성공은 프로젝트 포트폴리오관리가 책임지게 된다. 이와 함께 프로젝트 포트폴리오관리의 작동은 우리가 가진 자원과 역량에 대한 창조와 혁신을 가능하게 해준다. 이러한 창조와 혁신은 우리를 미래 선도자로 만들어줌으로써 승승장구하게 할 것이다.

3부

어떻게 4차 산업혁명에 대응할 것인가?

6장

대한민국을 진단하고 처방하다

스타트업, 고속 성장과 파괴적 혁신을 추구하라

스타트업(Start-up) 기업이란 사업을 시작한 지 얼마 되지 않았고 대규모 자금 여력도 없지만, 자신들이 가진 아이디어와 기술을 통해 앞으로 급격한 성장을 기대할 수 있는 기업이다. 벤처(Venture) 기업은 이미 대규모 자금을 조달받기 시작한 기업이라는 점에서 스타트업 기업과 구분된다.

스타트업 기업의 특징을 보여주는 포스터
출처: pixabay.com

스타트업 기업의 조건은 아래와 같다.

첫째, 스타트업 기업은 초고속 성장을 빼면 시체라는 점이다. 스타트업 기업의 존재의 이유는 오로지 성장이다. 초고속 성장이 가능한지 여부가 다른 일반 기업들과 스타트업 기업을 구분하는 기준이 되는 것이다.

스타트업 기업은 사람들의 니즈에 맞는 제품이나 서비스를 언제든지 제공할 수 있어야 한다. 그래야 초고속 성장을 실현할 수 있기 때문이다.

예를 들어 초등학교 앞에 카페를 새로 오픈해 사업을 시작했다고 가정해보자. 초등학생의 학부모이기도 한 이 카페 사장님은 아이들을 등교시키면서 친한 학부모들과 많이 만났었는데, 학교 앞에는 이야기를 나눌 장소가 마땅치 않아서 아쉬움이 컸다. 여기서 비즈니스 기회를 착안하고 본인이 직접 카페를 개업하기로 마음먹은 것이다. 카페 사장님은 초등학생 학부모들의 니즈를 제대로 파악해서 서비스를 제공하기 시작했다.

그러나 이 초등학교 앞 카페는 업종의 특성과 지역

적 한계로 인해 세상 모든 사람들에게 제품이나 서비스를 제공할 수 없기 때문에 초고속 성장은 기대하기 힘들다. 따라서 스타트업이 될 수는 없는 것이다.

그러나 만약 이 카페 사장님이 초등학교 앞에 카페를 오픈하는 대신에 우리나라 모든 초등학생 학부모들을 대상으로 한 학교 앞 카페 프랜차이즈 업체를 창업했다면 이야기는 어떻게 흐를까? 그리고 이 프랜차이즈 업체가 국내는 물론 아시아, 더 나아가 전 세계 학부모에게 제품과 서비스를 제공하겠다는 목표를 제시한다면 이 업체는 바로 스타트업으로 정의될 수 있다.

둘째, 파괴적 혁신(Disruptive Innovation)의 추구도 진정한 스타트업 기업의 조건이다.

파괴적 혁신이라는 개념은 하버드 대학의 클레이튼 크리스텐슨(Clayton M. Christensen) 교수가 소개했는데, 그는 이 덕분에 '경영학계의 아인슈타인'이라는 별명을 얻게 되었다.

파괴적 혁신이란 기존 시장의 기존 고객을 상대로 혁신을 추구하는 것과는 달리, 새로운 제품이나 서비스를 가지고 새로운 시장과 새로운 고객 가치를 만들

클레이튼 크리스텐슨 교수

출처: By World Economic Forum from Cologny, Switzerland [CC BY-SA
2.0 (http://creativecommons.org/licenses/by-sa/2.0)], via Wikimedia
Commons

어내는 것을 말한다.

'파괴적 혁신'이라고 하니 거창해 보이지만, 이러한 혁신은 주로 주류 시장보다 훨씬 작은 시장에서 저급한 기술로 이루어진 제품이나 서비스로 시작된다는 특징을 가지고 있다. 시작은 미약하였으나, 혁신적인 새로운 아이디어를 바탕으로 지속적인 성능 개선을 추진함으로써 결국 주류 시장, 주류 고객들의 니즈를 만족시켜 기존 시장까지 뒤집어엎는 것이다. 이러한 상황에서 기존의 기업들은 열심히 주류 시장에서 '혁신'을 지속하다가 생각지도 못한 시기에 '파괴적 혁신'으로 무장한 스타트업 기업의 공격을 받고 속절없이 무너지는 것이다.

즉, 스타트업 기업은 기존의 주류 시장을 뚫고 들어가서 시장의 판도 자체를 뒤흔들고 자신들이 새로운 자리를 차지해야만 하는 운명을 가지고 태어난 존재다. 스타트업 기업의 제품들은 대부분 초기에는 기존 제품들보다 성능이 떨어지지만 그래도 단순하고, 편리하며, 가격도 싼, 한마디로 '쓸 만한 것들'이다. 다시 말하면 완전히 새로운 제품이나 서비스라기보다는 대부분 기존 제품이나 서비스를 변형한 것에 가깝다.

그 이후에는 그들이 가진 혁신적인 아이디어와 기술력, 비즈니스 전략과 그 구체적인 실현 방법을 바탕으로 제품이나 서비스를 급속도로 발전시켜 주류 시장을 재편하는 것이다.

예를 들어 애플의 아이패드는 기존의 노트북보다 조악했고, 구글의 안드로이드 스마트폰 운영 체제는 기존의 애플이나 노키아의 운영 체제보다 모자란 것이 사실이었다. 그러나 이러한 스타트업의 제품들은 혁신적인 아이디어와 기술력, 그리고 체계적인 비즈니스 전략 및 효율적인 실현 방법을 통해 기존의 시장 판도를 뒤엎고 마침내 최강자 자리를 차지했다.

우리의 스타트업 기업들도 당연히 이와 같은 초고속 성장과 파괴적 혁신을 통해서 생존해야 하는 운명을 받아들여야만 한다. 그렇다면 운명만 받아들인다고 모든 것이 해결되는가? 여기에서도 당연히 효과적인 실천 방법이 뒷받침되어야 한다. 의지는 충만하되 어떻게 해야 할지를 모른다면, 고민만으로 점철된 시행착오만 되풀이하다가 역사의 저편으로 사라지게 될 뿐이다. 제대로 된 방법론으로 무장하고 자신이 가진 혁신적인 아이디어와 기술을 마음껏 펼쳐놓을 수 있을 때만이 밝은 미래가 우리를 기다리고 있는 것이다.

그렇다면 과연 스타트업 기업은 어떤 방식으로 일을 수행해야 일의 효과를 가장 많이 높일 수 있을까? 우리는 그 해답에 대해서 프로젝트의 특성과 스타트업 기업의 활동을 비교해봄으로써 실마리를 풀어나갈 수 있다.

프로젝트가 가진 첫 번째 특징은 변화(change)이다. 이는 프로젝트가 개인이나 조직을 변화시키는 유효한 방법임을 말하는데, 스타트업 기업의 활동들 역시 조직을 변화시킬 수 있는 구체적이고 뚜렷한 목표에 따라 수행되고 있다.

두 번째로 프로젝트는 한시적(temporary)이어서 모두 정해진 일정의 제한을 받는다는 점이다. 스타트업 기업의 활동 또한 명확한 시작과 끝을 가지고서 수행되고 있고, 완료 시점에는 목표로 한 바를 반드시 이뤄내야 하는 압박하에 놓여있다.

세 번째로 다기능적(cross-functional)이라는 점이다.

이는 다양한 배경의 사람들이 참여하여 목표 달성을 위해 상호 협력해야 함을 말한다. 프로젝트와 스타트업 기업의 활동이 공통으로 갖는 성격이기도 하다.

네 번째로 독특성(unique)을 들 수 있다. 모든 프로젝트는 지금까지 전혀 수행된 적이 없는 독특하거나 유일한 것이라는 특징을 가지고 있다. 스타트업 기업의 활동들도 이와 똑같은 특징을 가지고 있어서 매번 새로운 일이나 상황과 마주하게 되고, 그만큼 실패할 확률이 높을 수밖에 없는 것이다.

마지막 특징은 불확실성(uncertainty)이다. 프로젝트와 스타트업 기업의 활동들은 공통적으로 큰 불확실성을 안고 있다. 처음 해보는 일이기 때문에 정확한 수행 방법과 수행 자체가 힘들다는 공통된 특징을 갖고 있는 것이다.

이와 같이 스타트업 기업의 활동과 프로젝트는 공통된 특징을 갖고 있다. 여기서 우리가 놓치지 말아야 할 것은 스타트업을 성공시킬 수 있는 방법론은 아직 존재하지 않지만, 프로젝트를 성공으로 이끄는 방법론, 즉 프로젝트관리방법론은 이미 우리가 알고 있다는 사실이다. 따라서 우리는 스타트업을 성공으로 이끌려면 프로젝트관리방법론을 적용해야만 하는 것이다.

이에 따라 스타트업 기업은 프로젝트관리방법론을 바탕으로 한 다음과 같은 스타트업 기업의 활동의 원리와 지식 분야, 그리고 프로세스를 기준으로 업무를 수행할 때 성공에 한 걸음 더 가까워질 수 있다.

먼저, 다음과 같은 스타트업 기업의 활동 원리에 입각해서 업무를 수행해야 한다.

- 스타트업 기업의 활동에 대한 사업적 정당성이 있는지 지속적으로 점검할 것
- 스타트업 기업의 활동경험에서 배우고 활용할 것
- 스타트업 기업의 활동 수행 시 역할과 책임을 명확히 정할 것
- 스타트업 기업의 활동 결과물에 초점을 맞출 것
- 스타트업 기업의 활동이 수행되는 환경에 맞춰 적용할 것

그리고 스타트업 기업의 활동은 아래와 같은 지식
분야를 기반으로 삼아 수행되어야 한다.

- **사업타당성**(Business case)　스타트업 기업의 활동
  에 대한 사업타당성은 시작 전부터 확인되어있어
  야 하고, 업무를 진행하는 동안에도 계속 검토되
  어야 하며, 활동이 종료된 후에는 기대했던 편익
  이 실현되는지 확인해야 한다.
- **품질**(Quality)　산출물이 목표에 부합하게 만들어
  지도록 품질을 정의·관리하는 절차를 확립해야
  한다.
- **계획**(Plans)　스타트업 기업의 활동에서 누가, 언
  제, 어디서, 어떻게, 어떤 산출물을 전달해야 하는
  지 정하는 절차를 마련해야 한다.
- **리스크**(Risk)　스타트업 기업의 활동에서 식별, 평
  가, 계획, 실행, 의사소통으로 이어지는 리스크관
  리 프로세스를 갖추고 있어야 한다.
- **변경**(Change)　스타트업 기업의 활동 기준 계획
  (baseline plan)에 대한 변경을 식별, 평가, 통제하

는 절차가 제도화되어야 한다.

- **진도**(Progress)　스타트업 기업의 활동 계획과 실
  제 성과를 비교하여 편차가 허용 범위를 벗어나
  지 않는지 감시하고, 업무목표에 미치는 영향을
  평가·예측하는 절차를 마련해야 한다.

마지막으로, 스타트업 기업의 활동은 아래와 같은
업무 프로세스를 통해 수행되어야 한다.

착수 프로세스는 새로운 스타트업 기업의 활동을
정의하고, 이를 공식적으로 시작하기 위한 프로세스
다. 이 단계에서는 예비업무의 범위를 정의하고, 초기
단계의 재무적 자원 투입을 결정한다.

계획 프로세스는 스타트업 기업의 활동이 공식적
으로 착수된 후 우선적으로 해야 할 일인 업무계획서
를 수립하는 일들을 말한다. 이 프로세스는 전체 활동
의 범위를 설정하고, 목표를 정하고, 그 목표를 달성
하기 위한 일련의 활동을 계획하는 것까지 포함한다.

실행 프로세스는 업무계획서에 따라 활동을 수행
하면서 진행상황을 파악하는 일을 말한다. 활동이 실

행되면 일정의 변경, 자원의 사용 여부, 리스크 발생 등으로 업무계획서가 불가피하게 변경될 수 있는데, 실행 프로세스는 이를 감안하여 추진된다.

감시·통제 프로세스는 진행상황을 감시하고 측정하여 계획대로 진행되고 있는지 아니면 변동 사항이 있는지를 파악해서 필요한 조치를 취할 수 있도록 해주는 프로세스다. 감시는 성과정보를 수집하여 성과를 측정하고, 성과 측정 결과와 추세를 평가하는 일을 포함한다. 통제는 성과에 대해 필요한 시정조치나 예방조치를 취하거나 업무계획서를 수정·보완하는 일까지를 포함한다.

완료·평가 프로세스는 활동을 공식적으로 완료하기 위해 스타트업 관련 업무관리 프로세스의 관련 활동을 종료하고, 그 결과를 평가하는 일들을 말한다.

한국 기업, 프로젝트관리 체계를 내재화하라

우리는 앞에서 급변하는 경영 환경 속에서 변화를

걱정하기보다 변화를 주도하는 동시대의 글로벌 기업들을 만나보았다. 하드웨어가 강한 기업들은 소프트웨어 관련 역량을 강화하는 데 전력을 기울이고, 소프트웨어로 성장한 기업들은 하드웨어 관련 역량 확보에 투자를 아끼지 않고 있다. 하드웨어와 소프트웨어가 만나는 융·복합의 경쟁력을 갖추기 위해 노력하는 글로벌 기업들이 지금 우리 기업들을 위협하고 있다. 그렇다면 우리 기업들은 어떻게 4차 산업혁명으로 대변되는 이 대전환기에 동참할 수 있을 것인가?

현재 4차 산업혁명을 최일선에서 진두지휘하고 있다고 해도 과언이 아닐 글로벌 기업은 누가 뭐래도 단연 구글일 것이다. 소프트웨어 관련 능력에 있어서 단연 세계 최강인 구글은 계속 진행 중인 인수·합병을 통해서 하드웨어 관련 역량 확보에 총력을 기울이고 있다. 제3장에서도 말했듯이, 구글 1.0(구글 1세대)이 검색엔진 분야의 최고가 되는 것이었다면, 구글 2.0(구글 2세대)은 하드웨어 분야(제조 분야)로의 영역 확대가 그 핵심이다. 또한 구글은 자신들이 세운 이러한 전략을 일련의 프로젝트 수행 및 프로젝트 포트폴리오관리 체계를 통해서 실현해가고 있다.

4차 산업혁명의 큰 방향을 읽고 한 걸음씩 다가서고 있는 구글과, 세계 전자 업계의 최정상에 서있는 우리의 자랑스러운 삼성과의 차이를 조망해보는 것은, 우리 기업에 4차 산업혁명에 대응할 방법에 대한 좋은 시사점을 줄 수 있을 것이다.

구글을 한마디로 표현할 수 있는 말은 무엇일까? '혁신의 구글'이라는 표현이야말로 많은 이들이 인정할 만한 표현이라고 생각한다. 그렇다면 삼성은 어떻게 한 단어로 표현해볼 수 있을까? '관리의 삼성'이란 단어가 제격이 아닐까?

이 두 기업을 표현한 단어들만 놓고 본다면 구글은 혁신으로 무장되어있고, 삼성은 관리가 최고라는 냄새를 풀풀 풍긴다. 말인즉슨 "현재의 구글은 혁신이 만들었고, 삼성 왕국은 관리를 통해 건설되었다" 정도로 요약해볼 수 있겠다.

하지만 과연 그럴까? 구글은 관리의 바탕이 전혀 없이 혁신 하나만을 가지고 구글 천하를 만들어낼 수 있었을까? 당연히 아니다. 구글의 혁신이 숨 쉬고 꽃

피울 수 있기 위한 기본적인 관리 환경이 만들어져있었기에 오늘의 구글이 존재할 수 있었다. 이제 그 배경을 낱낱이 파헤쳐보도록 하자.

혁신이란 늘 새로움을 갈구하는 것이고, 그 새로움이 결국 새로운 시장을 열게 된다. 그 새로움이란 늘 호기심 가득 찬 새로운 시도를 통해서만 추구할 수 있다. 그러나 이러한 시도는 늘 많은 자원을 필요로 한다. 따라서 새로움을 위한 시도가 있기 위해서는 특정한 관리 체계 안에서 자원이 사용되어야 하며, 그렇게 자원을 사용해서 거둔 성과를 측정하고 평가해야 한다.

이 모습이 바로 구글의 실제 모습이다. 자유분방함의 대명사로 알려진 구글의 인상과는 쉽게 매치가 안 될지도 모르나, 구글의 혁신은 내부의 엄격한 관리 체계를 바탕으로 작동하고 있는 것이다. 그리고 그 엄격한 관리 체계는 다름 아닌 프로젝트 포트폴리오와 프로젝트관리의 기본 개념과 일맥상통한다.

'관리'는 일반적으로 '혁신'과는 정반대의 개념으로 생각된다. 그것은 아마도 우리에게 '관리'라고 하면 가장 먼저 떠오르는 이미지가 통제와 구속 등 관료주의를 연상시키는 것들이기 때문일 것이다. 그러나 우리는 구글의 예를 통해 관리의 다른 면을 볼 수 있다. 그것은 관리가 혁신을 가로막고 통제하는 것이 아니라, 오히려 혁신을 장려할 수 있어야 한다는 것이다. 사람을 통제하기 위해 사용되는 조직관리보다, 조직에 변화를 가져오기 위한 혁신의 시도를 지원하는 관리가 더 강조되어야 하는 것이다.

이러한 구글의 관리는 현대 경영학의 아버지로 불리는 피터 드러커(Peter Drucker) 교수의 "측정될 수 있는 것만이 관리될 수 있다"는 믿음과도 연결된다.

구글은 이를 위해 OKR(Objectives and Key Results)이라는 방식을 도입했다. 즉, 프로젝트의 시작계획을 설정하면서 프로젝트의 관리목표를 잡는 것을 Objective(목표)라 부르고, 프로젝트를 수행하면서 산출되는 성과물들을 감시하고 통제하기 위한 핵심 결과지표를 Key Results(핵심 결과)로 명명한 것이다.

구글은 프로젝트관리목표(Objective)와 핵심 결과지표(Key Results)를 통해 그들이 수행하는 혁신 프로젝트들 각각에 구체적인 수치를 제시하고, 현재 프로젝

피터 드러커 교수

출처: By Jeff McNeill (CC BY-SA 2.0 (http://creativecommons.org/licenses/
by-sa/2.0)), via Wikimedia Commons

트들의 진행상황과 성과가 정량적으로 측정·관리될 수 있는 체계를 기본적으로 갖추고 있다.

아울러 구글은 이렇게 추진되는 모든 프로젝트들에 대한 정량적 정보를 전사적으로 집계하고, 이를 기반으로 각각의 프로젝트에 어떤 피드백이 제공되어야 하는지, 자원을 추가적으로 투입해야 하는지 등의 여부를 결정한다. 만약 필요한 자원을 회사가 보유하고 있지 않을 경우에는 기존 자원에 대한 개선이나 새로운 자원의 획득·창조 또는 자원 재배치를 할 것인지를 판단하게 된다. 이와 함께 전사적 경영 전략의 방향과 프로젝트가 서로 연계되어있는지를 판단하는 체계도 갖추고 있다. 이 체계가 다름 아닌 프로젝트 포트폴리오와 프로젝트관리인 것이다.

구글은 이러한 종합적 관리 체계를 바탕으로 혁신적인 시도를 끊임없이 하고 있다. 이것이 곧 구글이 지속적인 성장 및 4차 산업혁명의 선도 역할을 당당하게 수행할 수 있게 해주는 것이다.

이상과 같이 구글의 혁신은 바로 종합적이고 효율적인 관리 체계를 통해 달성되는 것임을 알 수 있다.

그 종합적이고 효율적인 관리 체계란 다름 아닌 프로젝트 포트폴리오 및 프로젝트관리 중심의 관리 환경이다.

그렇다면 '관리의 삼성'에서 말하는 관리는 도대체 무엇일까? 구글처럼 혁신의 시도를 제대로 뒷받침하기 위한 관리 체계일까? 그러나 불행히도 삼성의 관리는 구글의 관리 체계와는 정반대의 개념이다. 삼성의 관리에는 우리가 관리에 대해 기본적으로 가지고 있는 부정적 이미지가 그대로 투영되어있다. 삼성의 관리는 조직의 유지를 위한 통제와 구속, 그리고 관료주의에서 아직도 벗어나지 못하고 있다. 즉, 삼성의 관리는 인사·재무를 중심으로 한 조직관리를 의미한다.

지금까지의 삼성은 빠른 추격자(First follower)로서의 삶을 살아온 것이 사실이다. 즉, 세상의 많은 선도자들(Fast mover)이 닦아놓은 길을 빨리 따라가기만 하면 생존과 발전을 보장받을 수 있었다. 따라서 빠른 추격자로서의 삼성에게는 조직관리를 통해서 조직을 일사불란하게 움직여나가는 것이 핵심 역량이었다. 하지만 이제 막 선도자의 입장이 되기 시작한 삼성에게 필요한 핵심 역량은 혁신의 시도를 제대로 뒷받침할 관리 체계인 프로젝트관리와 프로젝트 포트폴리오관리에 관한 역량일 것이다.

'관리의 삼성'이 현재 기록하고 있는 엔지니어링과 조선업에서의 천문학적인 적자, 그리고 잘나가던 갤럭시 노트7의 품질 대참사는 빠른 추격자 시절에는 금과옥조였던 '관리의 삼성'이라는 모델이 한계에 다다랐음을 보여주고 있다. 4차 산업혁명의 선도자로서 한 단계 도약을 꿈꾸는 삼성은 새로운 핵심 역량인 프로젝트관리와 프로젝트 포트폴리오관리로 말을 갈아타야 할 선택의 시점에 다다른 것이다.

이상과 같이 우리는 '혁신의 구글 Vs. 관리의 삼성'이라는 프레임을 살펴보았다. 이를 통해 우리가 알 수 있었던 것은, 혁신을 통해 성장하고 4차 산업혁명의 최강자가 되려면 반드시 프로젝트 포트폴리오 및 프로젝트관리 환경이라는 관리 체계를 기반으로 삼아야 한다는 것이다. 구글과 같이 프로젝트 포트폴리오 및 프로젝트관리 체계가 일상화·내재화된 현실 속에서 혁신이 살아 숨 쉴 때 역량이 극도로 발휘되는 것이다. 따라서 우리가 이 땅에서 구글처럼 진정한 혁신을 실현하려면 제대로 된 프로젝트 포트폴리오 및 프로젝트관리 체계를 우리 기업들에 일상화·내재화시켜야 한다.

우리 기업들 중에도 프로젝트 포트폴리오 및 프로젝트관리 체계가 일상화·내재화되어 그 기업이 속한 산업계 및 정부기관에 이르기까지 영향을 끼친 사례가 있어 다음과 같이 소개해본다.

프로젝트관리를 탄생시킨 장본인이기도 한 방위산업 분야에서 우리나라 최초로 외국 자본을 유치한 일대 사건이 지난 2000년에 있었다. 삼성전자와 프랑스의 방위 산업체인 탈레스(Thales)가 50 대 50의 지분으로 합작사인 '삼성탈레스'를 출범시킨 것이다. 탈레스는 합작사 성립의 필수 조건으로 전사적 프로젝트관리 체계 도입을 내걸었다. 바야흐로 '관리의 삼성'에 전사적 차원에서 제대로 된 체계를 갖춘 혁신의 관리 방법이 정착할 기회가 주어졌던 것이다.

물론 초기에는 서구 기업에서 직접 도입한 프로젝

트관리 체계와, 조직관리 중심의 삼성 문화가 서로 충돌할 수밖에 없었다. '관리의 삼성' 안에서만 평생 일해온 골수 삼성맨들의 그 당시 불만과 부정적 반응들은 다음과 같았다.

"프로젝트관리 체계는 경험상으로나 정서상 국내 실정에는 맞지 않는 제도임에 틀림없고, 그로 인해 우리의 경쟁력을 약화시키고 결국은 회사를 망하게 할 것이 확실하다."

"프로젝트관리 체계는 방위 산업과는 절대 맞지 않는 제도이므로, 적당히 흉내만 내다가 결국은 전통적인 관리 방식으로 되돌아갈 것이다."

그러나 기존의 삼성맨들이 내부적으로 강력히 저항을 해본들 아무런 소용이 없었다. 싫든 좋든 회사는 반드시 전사적 프로젝트관리 체계를 계속 유지·발전시켜나가야만 했다. 그렇게 10년의 세월이 흘렀다. 그리고 놀라운 변화가 그들을 찾아왔다. 매출은 3배가 성장하고, 영업이익률은 6.5배가 신장되었다. 더 놀라운 것은 처음에는 냉담하기 그지없던 방위 산업계와 정부기관 모두 적극적으로 프로젝트관리 체계를 받아들이기 시작했다는 점이다. 특히 방위사업청은 통합 프로젝트팀을 중심으로 조직·인력·역량을 통합해 효율성과 전문성을 높일 수 있도록 하는 프로젝트관리 체계를 도입하기에 이르렀다.

2015년 6월, 삼성그룹과 한화그룹은 1조 9000억 원에 이르는 빅딜(삼성테크윈, 삼성탈레스, 삼성종합화학, 삼성토탈)을 성사시켰다. 이로 인해 삼성탈레스는 '한화탈레스'로 간판을 바꿔 달게 되었다. 2016년 10월에는 탈레스가 자신의 지분을 매각하여 결별을 선언함으로써 이제는 '한화시스템'이라는 새로운 이름으로 불리게 되었다.

삼성탈레스를 인수한 한화는 프로젝트관리 체계의 가능성에 보다 적극적으로 관심을 갖기 시작했다. 기존에 내재화된 프로젝트관리 체계를 기업 경영과 전략 수행의 수단으로서 제도적으로 활용하기에 이른 것이다. 즉, 현재의 한화시스템은 프로젝트관리 체계를 바탕으로 한 프로젝트 포트폴리오관리 체계를 회사 내에 제도화하는 데 모든 역량을 집중하고 있다.

아울러 (주)한화방산은 한화테크윈, 한화시스템, 한

화디펜스의 인수·합병을 통해 국내 방위 산업계에서 1위 업체로 등극했는데, 회사 규모가 커진 만큼 더욱 효율적인 관리수행방법론 및 효과적인 경영전략수행 방법론이 필요하게 되었고, 이를 위해 한화시스템(옛 삼성탈레스)에서 수행하고 있는 프로젝트관리 및 프로젝트 포트폴리오관리 체계를 도입하기에 이르렀다.

이렇게 프로젝트 포트폴리오 및 프로젝트관리 체계가 일상화·내재화되도록 하기 위해서는, 먼저 우리 기업들이 경영 전략을 실현하는 직접적인 수단으로서 프로젝트관리를 아래와 같이 작동시켜야 한다.

첫째, 조직은 기본적으로 자신이 세운 전략을 통해 기회를 식별하는데, 프로젝트관리가 이러한 전략을 달성하기 위해 식별된 기회들을 선택하여 실현하는 역할을 수행할 수 있도록 해야 한다.

둘째, 프로젝트가 사업의 타당성을 지속적으로 검토하여 기업의 전략목표를 달성하게 함으로써 프로젝트관리가 실질적인 기여를 할 수 있도록 해야 한다.

단순히 프로젝트를 성공적으로 종료시키는 것보다는, 기업의 전략적 목적에 맞는 프로젝트인가를 항상 검토할 수 있도록 프로젝트관리 체계를 마련해야 한다.

또한 우리 기업들은 아래와 같은 프로젝트 포트폴리오관리 프로세스를 마련하고 작동되도록 해야 한다.

첫째, 식별 프로세스(understand process)이다. 이 프로세스에서는 조직의 전략목표가 무엇이며, 그 목표에 부합하기 위해 수용해야 할 변화요소(change initiatives)가 무엇인지를 식별하게 된다.

둘째, 범주화 프로세스(categorize process)이다. 이 프로세스는 전략목표를 기반으로 변화요소들(change initiatives)을 그룹(group), 세그먼트(segment) 또는 하위 포트폴리오(sub-portfolio)로 범주화하는 활동이다. 이 활동의 목적은 변화요소들을 평가하고 우선순위를 정하기 위한 투자 기준(investment criteria)을 세우는 것이다.

셋째, 우선순위화 프로세스(prioritize process)이다.

프로젝트 포트폴리오 내의 변화요소들에 순위를 매기는 활동이다.

넷째, 균형 프로세스(balance process)이다. 위 프로세스들을 통해 도출된 프로젝트 포트폴리오들을 가지고 시점, 전략목표의 내용, 리스크, 가용 자원 등에 대해 균형을 잡아주는 활동이다.

다섯째, 계획 프로세스(plan process)이다. 위 프로세스들을 통해 얻어진 정보들을 활용해 프로젝트 포트폴리오 전략 및 프로젝트 포트폴리오 실행 계획을 세우는 활동이다.

여섯째, 관리·통제 프로세스(management control process)이다. 프로젝트 포트폴리오의 진행상황을 기준선(baseline) 대비 정기적으로 모니터링하는 활동이다.

일곱째, 편익관리 프로세스(benefits management process)이다. 프로젝트 포트폴리오를 통해서 실현되고 있는 편익을 명확하게 식별하고 관리하며, 가용 자원을 가장 효율적으로 사용하고, 전략목표 달성에 대한 기여를 극대화하는 것이 이 프로세스의 목적이다.

여덟째, 재무적 관리 프로세스(financial management

process)이다. 프로젝트 포트폴리오관리 프로세스 및 의사결정이 조직의 재무관리 체계와 연계되도록 하는 것이 이 프로세스의 목적이다.

아홉째, 리스크관리 프로세스(risk management process)이다. 프로젝트 포트폴리오가 노출된 리스크들을 지속적·효과적으로 관리해주는 활동이며, 변화요소들의 성공적인 실행에 핵심 요인이 된다.

열 번째, 이해관계자 참여 프로세스(stakeholder engagement process)이다. 프로젝트 포트폴리오의 이해관계자들을 효과적으로 참여시키고, 그들과 의사소통하기 위한 활동이다. 즉, 프로젝트 포트폴리오의 내외부 이해관계자들의 필요를 식별하고 적절히 관리하기 위한 프로세스다.

열한 번째, 조직 거버넌스 프로세스(organizational governance process)이다. 조직 거버넌스의 구조와 프로젝트 포트폴리오관리 거버넌스가 항상 연계되어야 효율적인 프로젝트 포트폴리오관리를 보장할 수 있으므로, 이 프로세스를 통해 이를 지속적으로 유지하기 위한 활동을 수행한다.

열두 번째, 자원관리 프로세스(resource management process)이다. 효율적인 프로젝트 포트폴리오관리를 위해 가용 자원과 필요 자원의 양을 정확히 이해하고 관리하는 메커니즘을 갖추는 프로세스다.

이러한 프로세스를 통해서 4차 산업혁명에 동참하고자 하는 이 땅의 모든 기업들은 다음의 그림과 같은 프로젝트 포트폴리오 및 프로젝트관리 체계를 갖추게 될 것이다.

프로젝트 포트폴리오관리는 조직의 전략을 실현시키기 위해 적절한 자원과 프로젝트를 선택하고, 이를 최적화하는 데 그 존재 의의가 있다. 따라서 프로젝트 포트폴리오관리는 우리 기업들이 4차 산업혁명을 선도할 기업으로서 관련 전략을 수립하고 이행하는 데 있어 컨트롤타워 역할을 담당하게 된다.

프로젝트관리는 선택된 프로젝트를 성공적으로 완수하는 데 그 존재 목적이 있으므로, 우리 기업들이 4차 산업혁명에 성공적으로 대응하기 위해 선택한 프로젝트들인 사물인터넷 프로젝트, 인공지능 프로젝트,

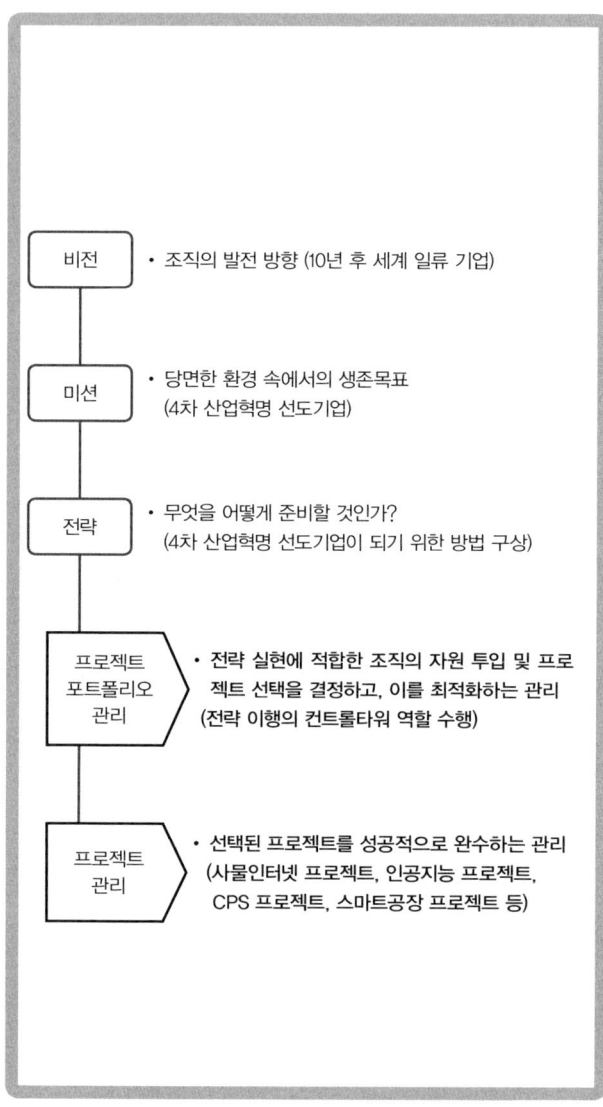

비전 · 조직의 발전 방향 (10년 후 세계 일류 기업)

미션 · 당면한 환경 속에서의 생존목표
(4차 산업혁명 선도기업)

전략 · 무엇을 어떻게 준비할 것인가?
(4차 산업혁명 선도기업이 되기 위한 방법 구상)

프로젝트
포트폴리오
관리 · **전략 실현에 적합한 조직의 자원 투입 및 프로
젝트 선택을 결정하고, 이를 최적화하는 관리
(전략 이행의 컨트롤타워 역할 수행)**

프로젝트
관리 · **선택된 프로젝트를 성공적으로 완수하는 관리
(사물인터넷 프로젝트, 인공지능 프로젝트,
CPS 프로젝트, 스마트공장 프로젝트 등)**

CPS 프로젝트, 스마트공장 프로젝트 등을 성공적으로 수행하는 역할을 하게 된다.

대한민국,
한국형 인터스트리 4.0 전략이 성공하려면

　우리나라는 2008년의 글로벌 금융위기 이후로 세계 경제가 구조적 저성장에 빠지고 미국 등 주요국이 보호무역주의를 확산해나감에 따라 대외 환경이 녹록지 않은 데다 내부적으로도 저성장, 재정적자, 청년 실업 심화, 재난·안전문제로 악화일로에 있다. 특히 1인당 국민총소득(GNI)이 2006년에 처음으로 2만 달러를 돌파한 이래로 10년째 2만 달러를 넘어서지 못하고 있다. 환율 등의 금융문제, 수출 부진과 내수 위축 그리고 보다 근본적으로는 저출산과 고령화로 인해 성장 엔진이 점점 꺼져가고 있는 것이 우리의 현실이다.

　설상가상으로 지금까지 대한민국 경제를 떠받쳐

왔던 제조업이 구조적인 취약점을 드러내며 곳곳에서 경고음을 울리고 있다. 그에 반해 미국·독일과 같은 주요 경쟁국들은 제조업과 ICT 융합을 통한 제조업 혁신을 내걸고 4차 산업혁명을 향한 힘찬 발걸음을 내딛고 있다. 특히 우리보다 늘 한 수 아래라고 생각해왔던 중국마저도 4차 산업혁명에 관한 한 우리를 멀찌감치 앞서나가고 있다.

중국은 정부의 리더십과 기업의 창의성을 바탕으로 4차 산업혁명 시대를 개척해나가고 있다. 중국 정부는 'ICT 글로벌 강국'이라는 비전 및 '중국제조 2025 전략'을 바탕으로 제도·투자·환경 등에 관한 체계적이고 강력한 지원 체계를 마련했다. 이에 부응하듯 중국 기업들도 세계 시장에서 속속 두각을 드러내고 있다. 중국계 전기자동차 업체인 패러데이퓨처(Faraday Future)는 2017년 1월 미국 라스베이거스에서 열린 CES(Consumer Elec-tronic Show, 국제가전박람회)에서 자율주행차를 공개해 그 기술력을 깊이 각인시켰으며, 중국의 DJI는 창업 10년 만에 세계 1위 드론 업체로 등극했다. 또한 '중국판 구글'이라 불리는 인터넷

기업 바이두(BIDU)는 미국의 반도체 제조사 엔비디아 (Nvidia)와 손잡고 인공지능을 이용한 자율주행 플랫폼을 공동 개발하고 있다.

위기의식과 함께 이러한 큰 변화의 흐름을 감지한 우리나라도, 제조업의 패러다임 변화를 강조하며 제조업의 새로운 변신을 모색하게 되었다. 이에 따라 4차 산업혁명에 대한 대응 방향은 2017년 '장미대선' 의 주요 이슈로도 떠올랐었다. 당시 유력 대선 후보들은 너나 할 것 없이 저마다의 청사진을 제시했다.

안철수 전 국민의당 상임공동대표는 민간 중심의 인재 육성을 통한 기술 혁신이 관건임을 주장했던 반면, 문재인 전 더불어민주당 대표는 대통령 직속 기구로서 '4차 산업혁명 위원회'의 설치를 제안하면서 국가의 관리기능이 중요함을 강조했다.

그렇다면 문재인 정부가 출범한 현재, 우리도 독일의 인더스트리 4.0 전략처럼 4차 산업혁명을 제대로 시작하려면 어떻게 해야 할지 다시 한번 생각해보자.

독일의 인더스트리 4.0 전략은 2013년부터 독일 정보통신산업협회, 독일 엔지니어링협회, 독일 전기전자산업협회 등의 주도로 실행되었는데, 2억 유로 이상을 투자해 산학연 연구 프로젝트(스마트공장, 사물인터넷, 사이버 물리 시스템 등)를 수행하였고, 이를 통해 국가 차원의 기술 표준을 개발하고 시범 모델을 운영하고자 했다. 특히 스마트공장 프로젝트는 독일 인공지능연구소를 중심으로 보쉬, 지멘스, SAP 등 독일의 대기업과 해외 기업, 대학이 함께 참여해 전국에 5개의 스마트공장을 짓고 기술상용화를 추진했다.

이렇게 2년 동안 실행해본 결과 2015년 4월에는 인더스트리 4.0 전략의 업그레이드판이라고 할 수 있는 '플랫폼 인더스트리 4.0 전략'을 선포하기에 이르렀다. 독일은 인더스트리 4.0을 2년(2013~2015) 동안 산업협회 중심의 연구 프로젝트로 수행했으나 추진력이 약해 많은 성과를 거두기 어려웠음을 반성하고, 이러한 문제점을 해결하기 위해 독일 정부 중심으로 추진해나가기로 결정했다. 이에 따라 현재는 연방교육연구부와 연방경제기술부 주도로 인더스트리 4.0 관련 핵심 프로젝트들(스마트공장 구축 프로젝트, 사이버 물리 시스템 프로젝트, 인공지능 시스템 프로젝트, 통신·인터넷기술 개발 프로젝트)을 수행하고 있다.

이처럼 독일의 인더스트리 4.0 전략은 특정 기업이나 연구소에서만 이루어지는 것이 아니다. 국가가 중심이 되어 인더스트리 4.0 전략 실현에 적합한 자원을 투입하고, 프로젝트를 선택하고, 최적화하는 프로젝트 포트폴리오관리를 수행하고, 기업들과 학교들과 연구소들은 선택된 프로젝트들을 성공적으로 완수하는 프로젝트관리를 수행하는 이상적인 파트너십 체계를 구축했다는 데서 그 강점을 찾을 수 있다.

이러한 종합적인 관리 체계를 통해 국가의 자원이 적절하고도 효과적으로 투입될 수 있고, 적절한 프로젝트를 선택해 통합적이고도 지속적으로 실행할 수 있는 것이다. 이를 통해 독일은 자신들의 비전을 향해 오늘도 한 걸음 더 가까이 나아가고 있는 것이다.

후발주자인 대한민국은 독일의 이러한 관리 방식을 벤치마킹할 필요가 있다. 아울러 대한민국이 표준화된 아키텍처와 ICT 인프라를 포함한 스마트플랫폼 및 스마트제조기술을 개발하려면 독일처럼 범국가적인 차원에서 접근해야만 할 것이다. 이 정도 규모

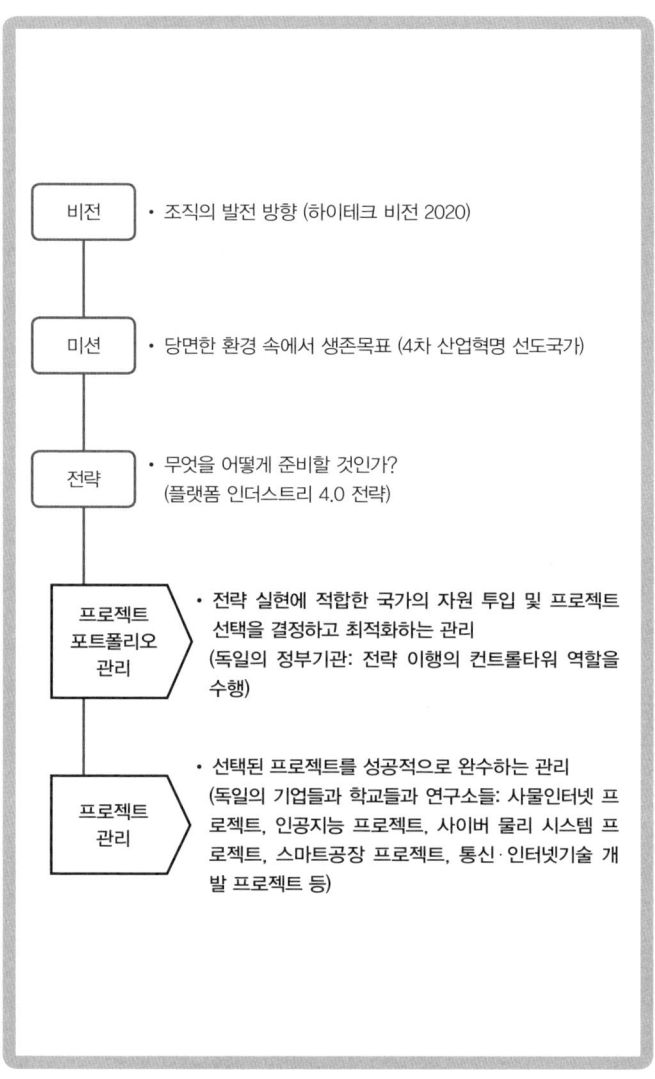

비전 • 조직의 발전 방향 (하이테크 비전 2020)

미션 • 당면한 환경 속에서 생존목표 (4차 산업혁명 선도국가)

전략 • 무엇을 어떻게 준비할 것인가?
(플랫폼 인더스트리 4.0 전략)

프로젝트 포트폴리오 관리 • 전략 실현에 적합한 국가의 자원 투입 및 프로젝트 선택을 결정하고 최적화하는 관리
(독일의 정부기관: 전략 이행의 컨트롤타워 역할을 수행)

프로젝트 관리 • 선택된 프로젝트를 성공적으로 완수하는 관리
(독일의 기업들과 학교들과 연구소들: 사물인터넷 프로젝트, 인공지능 프로젝트, 사이버 물리 시스템 프로젝트, 스마트공장 프로젝트, 통신·인터넷기술 개발 프로젝트 등)

독일의 인더스트리 4.0의 구조

의 일들을 개별 기업, 학교, 연구소가 추진한다는 것은 재무적·기술적으로 매우 어려울 뿐만 아니라, 서로 이해관계가 충돌하면 제대로 수행조차 될 수 없기 때문이다. 또한 프로젝트 수행의 우선순위 부여나 자원 투입에 대한 국가 차원에서의 최적화도 요구된다.

따라서 대한민국은 독일처럼 구체적인 리딩기관 및 협업기관을 선정하고 정부의 지원하에 강력하게 추진해야 한다. 이에 더해 독일의 구체적인 전략 실행 방식인 프로젝트 포트폴리오관리와 프로젝트관리를 통해 전략실현에 적합한 자원 및 프로젝트의 최적화 관리 및 선택된 프로젝트를 성공적으로 완수할 수 있는 관리 체계를 확립해야만 한다.

이를 통해 대한민국도 4차 산업혁명의 실행이 가능하도록 만들고, 가시적인 성과를 창출해 대한민국을 독일 못지않은 4차 산업혁명의 선도국가로 발돋움하게 해야 한다.

여지껏 선진국 추격자로 살아온 우리에게 '따라잡아야 하는 길'의 끝이 보이기 시작했다. 여기에 더해 우리는 지금까지 경험해보지 못한 4차 산업혁명이라는 미증유의 변화 속으로 빨려 들어가고 있다. 모든 선진국들과 글로벌 기업들은 이 변화에 제대로 대응해 그들의 영향력을 완전히 굳히고자 사생결단이라도 하려는 듯이 달려들고 있다. 그런데 우리는 아직도 이러한 변화에 대한 인식이 부족하니 그 대비도 그만큼 느리다.

우리는 무엇을 어떻게 해야 선도국가로 발 빠르게 전환하고, 4차 산업혁명에도 효과적으로 대응할 수 있을까?

선도국가는 자국이 어디로 가야 할지, 무엇을 해야 할지 올바르게 선택하고 결정해서 빠르게 실행해나갈 줄 아는 능력을 가지고 있다. 이러한 일을 수행하기 위해서는 명확한 비전, 미션, 전략의 바탕 위에서 정확한 전략을 실천할 방법을 파악하고 구사할 줄 아는 역량을 겸비해야 한다. 이 능력은 다름 아닌 프로젝트 포트폴리오와 프로젝트관리역량을 말한다. 이러한 관리역량을 갖춘 선도국가가 되었을 때 비로소 우리는 4차 산업혁명과 같은 크나큰 환경 변화를 지혜롭고 체계적으로 헤쳐나갈 수 있을 것이다.

이제 대한민국은 프로젝트 포트폴리오와 프로젝트 관리를 통해서 4차 산업혁명의 선도국가로 진화해야 한다.

4차 산업혁명의 도전에
프로젝트관리로 응전하라

영국의 역사학자 아놀드 토인비(Arnold Toynbee)는 불멸의 역작 『역사의 연구』에서 인류의 역사를 '도전과 응전의 과정'으로 묘사했다. 즉, 외부의 도전(환경 변화)에 효과적으로 응전했던 민족이나 문명은 살아남았지만, 그렇지 못했던 민족이나 문명은 사라지고 말았으며, 도전을 받은 적이 없었던 민족이나 문명도 무사안일에 빠져 사라지고 말았다는 것이다.

이 책에서는 '4차 산업혁명'이라는 이름으로 우리

에게 다가오고 있는 외부의 도전들을 살펴보았다. 그러한 외부의 도전들은 우리가 일상에서 느낄 수 있는 다음과 같은 변화에서부터 시작되고 있었다.

어느 날 갑자기 인류에게 그 존재를 화려하게 알린 인공지능 알파고, 이제는 실험실을 탈출하기 시작하여 우리에게 자유를 줄 무인자동차, 타고 다니는 디지털 디바이스인 전기자동차, 우리에게 바로 달려올 스마트택배기사인 무인드론, 소유의 개념을 붕괴시키는 공유경제의 우등생인 차량 공유 플랫폼, 싼값에 양질의 노동력을 제공하는 믿을 수 있는 동반자인 로봇, 도시의 시설과 기계와 사람이 모두 연결되어 최적의 솔루션을 제공하는 미래도시인 스마트시티….

이와 같이 우리가 일상에서 느끼게 된 변화들은 소비자의 입장에서 바라본 것이며, 이 변화들은 한결같이 우리의 미래를 더 편리하고 폼 나게 만들어줄 것이다. 따라서 4차 산업혁명은 소비자인 우리에게는 파라다이스 같은 미래를 약속하는 확실한 보증수표처럼 여겨질 수밖에 없다(물론 실업이나 빈부 격차 확대에 대한 우려도 존재한다).

그러나 우리가 생산자 입장이 되었을 때는 이야기가 완전히 달라진다. 위에서 언급된 기술들과 관련하여 우리는 절대 뒤처져서는 안 된다. 당연히 그 기술들을 효과적으로 구현해낼 수 있는 능력을 갖춰야만 한다. 한 걸음 더 나아가 위의 기술들이 융·복합된 상황에서 새롭게 펼쳐질 비즈니스 환경에도 충분히 대응할 수 있어야 한다. 이러한 비즈니스 환경의 변화가 우리에게는 진정한 '외부의 도전'이 되고 있다.

　비즈니스 환경의 변화 중에서도 특히 우리가 주목해야 할 분야는 국가 경쟁력의 핵심 기반이 되는 제조업 환경의 변화다. 4차 산업혁명 시대의 제조업 환경은 사물인터넷을 기반으로 하는 초연결성과, 빅데이터와 인공지능에 의해 분석이 이루어지는 초지능화, 그리고 사이버 물리 시스템으로 대변되는 초자동화 등의 방향으로 급격하게 변화되어가고 있다. 이러한 제조업 환경의 변화를 선도하는 국가나 기업은 4차 산업혁명이라는 외부의 도전에서 살아남겠지만, 선도국가나 선도기업이 이미 만들어놓은 질서를 따라가기에도 바쁜 국가나 기업은 영원한 2류로 남겨질 수밖에 없다.

이에 따라 이 책에서는 4차 산업혁명에 대한 효과적인 도전의 실마리를 찾기 위해 4차 산업혁명의 선도국가와 선도기업들이 4차 산업혁명에 대처하는 전략과 전략 실현 방법들을 분석하였다.

그중에서도 명실공히 4차 산업혁명의 최고 선도국가라 할 수 있는 독일을 눈여겨 보았는데, 그들이 제시한 인더스트리 4.0 전략은 제조대국인 자신들의 강점을 최대한 활용하여 현장 데이터 기반 제조업 혁신 플랫폼을 구축·운용하면서 가까운 미래에 이를 글로벌표준화하여 온 세상을 독일이 제시한 플랫폼으로 연결하는 데 그 초점이 맞춰져있다. 이는 독일 전국 곳곳의 공장, 제품, 설비 등에서 만들어지는 데이터들을 기업 간, 공장 간, 제품 간, 설비 간에 공유토록 하여 궁극적으로는 독일의 모든 공장이 하나의 가상공장처럼 움직이게 만드는 새로운 산업 구조를 만들겠다는 구상인 것이다.

이와 같은 인더스트리 4.0 전략은 독일의 모든 기업과 학교, 연구소가 유기적으로 동참해야만 달성이 가능한 광범위한 사안이다. 따라서 독일은 국가 차원에서 전략을 기획했고, 이 기획을 기업과 학교, 연구소가 프로젝트 단위로 실천하고 있다. 즉, 인더스트리 4.0 전략의 성공을 위해 각각의 프로젝트(예를 들어 사물인터넷 프로젝트, 사이버 물리 시스템 프로젝트, 인공지능 프로젝트, 스마트공장 프로젝트 등)가 개별 주체들에 의해 실행되고 있는 구조인 것이다. 국가가 구심점이 되어 추진되고 있으므로 국가의 입장에서는 인더스트리 4.0 전략의 성공을 위해서 한정된 가용 자원을 우선순위가 높은 프로젝트에 먼저 부여하고, 예산과 자원을 배분함에 있어 늘 고민을 하면서 객관적인 판단 기준에 따라 의사결정을 하게 된다. 이러한 결정에 따라 우선적으로 예산과 자원을 할당받은 프로젝트는 성공적 완수를 위한 효과적인 관리방법론을 적용해 성공률을 높이고자 노력하고 있다.

우리는 여기에서 독일이 인더스트리 4.0 전략을 실현하기 위해 국가 차원에서 취하고 있는 전략 실현 방법이 바로 프로젝트 포트폴리오관리이고, 기업과 학교와 연구소가 프로젝트의 성공을 위해 수행하고 있는 전략 실현 방법이 프로젝트관리인 것을 확인할 수 있었다.

아울러 4차 산업혁명의 선도기업이라 할 수 있는 구글의 사례에서도 독일의 사례와 동일하게 그들의 혁신을 통한 성장 및 전략 실천을 뒷받침하고 있는 관리 체계 및 전략 실현 방법이 프로젝트 포트폴리오관리와 프로젝트관리임을 확인할 수 있었다.

대한민국도 4차 산업혁명의 도전에 대응하려면 독일처럼 국가가 구심점이 되어서 민간을 이끌고 나가야 할 것이다. 국가적인 차원에서 뚜렷한 목표를 설정해야 하고, 이를 통해 모든 참여자들의 공감을 이끌어 내야 한다. 또한 대처 전략에는 우리가 이루고자 하는 명확한 구현 범위가 설정되어야 한다. 이를 위해서는 참여자들이 믿고 따라올 수 있는 객관성을 가진 전략 실현 체계가 마련되어야 한다. 이 전략 실현 체계의 핵심은 독일의 예에서 볼 수 있었듯이 프로젝트 포트폴리오관리와 프로젝트관리다.

아울러 우리 기업들도 구글처럼 프로젝트 포트폴리오관리와 프로젝트관리라는 종합적이고 효율적인 관리 체계를 바탕으로 혁신을 끊임없이 시도해야 하고, 이를 통해 4차 산업혁명을 포함한 시장 환경 변화에 충분히 대응할 수 있는 경쟁력을 확보해야 한다.

또한 우리의 미래를 밝혀줄 희망이 될 스타트업 기업들은 프로젝트관리방법론의 기반 위에서 자신이 가진 혁신적인 아이디어와 기술을 마음껏 펼쳐놓아 지속적인 성장과 파괴적 혁신을 중단 없이 실천해야 한다.

우리는 지금 4차 산업혁명이라는 미증유의 외부 도전을 맞이하고 있다. 또한 우리는 선진국 추격자에서 선도국가로 진화해야 하는 전환기에도 서있다. 이 도전에 효과적으로 응전해야 우리는 살아남을 것이고, 그렇지 못하면 3류 국가로 전락할 것이다.

4차 산업혁명과 선도국가로의 진화라는 커다란 도전에 우리는 이 책에서 설명한 프로젝트 포트폴리오관리와 프로젝트관리로 응전해야 한다. 이들은 우리가 1류 선도국가로 진화하는 기반이 되어줄 것이다.

현재 우리는 비록 4차 산업혁명이라는 시대의 흐름에서 약간 뒤처져있지만, 지금이라도 국가와 기업이 프로젝트 포트폴리오관리와 프로젝트관리로 우리 자신을 재정비하고 진화해나가면 4차 산업혁명을 주도하는 날도 결국 오리라.

우리 국가와 민족에게는 주어진 시간이 얼마 남지 않았다. 우리의 미래를 어떻게 준비하느냐에 따라 우리 국가와 민족이 세계사의 주인공으로 발돋움하느냐, 아니면 3류 국가로 주저앉을 것이냐가 결정될 것이다. 이렇게 국가가 목표를 정하고, 그 목표를 향해 나아가고자 할 때 그 성패의 핵심은 구성원들의 마음가짐과 실천에 달려있다.

물론 4차 산업혁명이라는 이러한 세계사적 혁명에 제대로 응전할 수 있는 구성원은 이 책을 통해서 제대로 된 방법론을 만나고, 그 적용이 가능하도록 끊임없이 고민하면서 준비해나가는 우리 자신들이 될 것이다.

참고 자료

국내

강창욱 외 11인(2011), 경쟁우위 확보를 위한 프로젝트관리학, 북파일.

김남국(2015), 지금 당장 경영 전략 공부하라, 한빛비즈.

김승철, 이재성(2014), 글로벌 스탠다드 프로젝트 경영, 한경사.

산업통상자원부 기술 표준원(2013), 프로젝트관리 표준(ISO 21500) 이행가이드.

송경진 옮김, 클라우스 슈밥(2016), 클라우스 슈밥의 제4차 산업혁명, 새로운 현재.

이재성, 임광규, 유병용(2005), 지금은 프로젝트 시대, 을지글로벌.

이재성(2012), 기업의 프로젝트관리 자산이 VRIO 특성에 미치는 영향, 한양대학
   교 박사학위논문.

임재현(2015), 다시 시작하는 인더스트리 4.0, 포스코경영연구원.

하원규, 최남희(2016), 제4차 산업혁명, 콘텐츠 하다.

한석희 외 2인(2015), 인더스트리 4.0, 페이퍼로드

해외

Cooper, R.G.,(1998), Portfolio Management for New Products, MA: Perseus Books.

Dinsmore, P.C.,(1999), Winning in business with Enterprise project management, NY:AMACOM.

Levine, H.A.(2005), Project Portfolio Management, San Francisco, Ca: Jossey-Bass.

Milosevic D.Z. & Srivannaboon S.(2007), "A theoretical framework for Aligning Project Management with Business Strategy", Chapter 3 in Linking Project Management to business strategy, Shenhar A.J., Milosevic D.Z., Dvir D., Thamhain H., PA:Project Management Institute.

MoP(2011), Management of Portfolio, UK:Office of Government Commerce.

PMBOK Guide(2012), A Guide to the Project Management Body of Knowledge, 5th ed., PA:Project Management Institute.

PRINCE2(2009), Managing Successful Projects with PRINCE2, UK:Office of Government Commerce.

Shenhar, A.J., Dvir, D., Guth, W., Lechler, T., Milosevic, D., Patanakul, P., Poli, M. & Stefanovic, J.,(2007), "Project Strategy: The Missing Link", Chapter 4 in Linking Project Management to business strategy, Shenhar A.J., Milosevic D.Z., Dvir D., Thamhain H., PA:Project Management Institute.

Teece, D.J.(2007), "Explicating Dynamic Capabilities: The Nature and Micro foundations of (Sustainable) Enterprise Performance", Strategic Management Journal, Vol.28, No.13, pp.1319-1350.

Teece, D.J.(2009), Dynamic capabilities & strategic management: Organizing for Innovation and Growth, Oxford University Press, UK.

Teece, D.J. & Pisano, G. & Shuen, A.(1997), "Dynamic capabilities and strategic management", Strategic Management Journal, Vol.18, No.7, pp.509-533.

The Standard for Portfolio management(2013), 3rd edition., PA:Project Management Institute.

Our Mission – 우리는 새로운 지식을 창출, 전파하여 전 인류가 이를 공유케 함으로써 인류 문화의 발전과 행복에 이바지한다.

– 우리는 끊임없이 학습하는 조직으로서 자신과 조직의 발전을 위해 쉼 없이 노력하며, 궁극적으로는 세계적 콘텐츠 그룹을 지향한다.

– 우리는 정신적·물질적으로 최고 수준의 복지를 실현하기 위해 노력하며, 명실공히 초일류 사원들의 집합체로서 부끄럼 없이 행동한다.

Our Vision   한언은 콘텐츠 기업의 선도적 성공 모델이 된다.

저희 한언인들은 위와 같은 사명을 항상 가슴속에 간직하고
좋은 책을 만들기 위해 최선을 다하고 있습니다.
독자 여러분의 아낌없는 충고와 격려를 부탁 드립니다.

• 한언 가족 •

HanEon's Mission statement

Our Mission – We create and broadcast new knowledge for the advancement and happiness of the whole human race.

– We do our best to improve ourselves and the organization, with the ultimate goal of striving to be the best content group in the world.

– We try to realize the highest quality of welfare system in both mental and physical ways and we behave in a manner that reflects our mission as proud members of HanEon Community.

Our Vision   HanEon will be the leading Success Model of the content group.